Ulrich Mählert

Geschichte der DDR

1949 – 1990

Dr. Ulrich Mählert, geb. 1968, 1994 Promotion, bis 1998 wissenschaftlicher Angestellter am Arbeitsbereich DDR-Geschichte der Universität Mannheim, 1998/99 Mitarbeiter des Zentrums für Zeithistorische Forschung Potsdam, seit 1999 wissenschaftlicher Referent bei der Bundesstiftung zur Aufarbeitung der SED-Diktatur.

Veröffentlichungen u. a.: Die Freie Deutsche Jugend 1945 – 1949. Von den „Antifaschistischen Jugendausschüssen" zur SED-Massenorganisation: Die Erfassung der Jugend in der Sowjetischen Besatzungszone. Paderborn 1995; (zus. mit Gerd-Rüdiger Stephan) Blaue Hemden – Rote Fahnen. Die Geschichte der Freien Deutschen Jugend. Leverkusen 1996; zusammen mit Hermann Weber (Hrsg.): Terror. Stalinistische Parteisäuberungen 19361953. 2. Auflage, Paderborn 2001; zusammen mit Rainer Eppelmann und Bernd Faulenbach (Hrsg.): Bilanz und Perspektiven der DDR-Forschung. Paderborn 2003; Kleine Geschichte der DDR. München, 7. Auflage 2010.

Diese Veröffentlichung stellt keine Meinungsäußerung der Landeszentrale für politische Bildung Thüringen dar. Für inhaltliche Aussagen trägt der Autor die Verantwortung.

Landeszentrale für politische Bildung Thüringen
Regierungsstraße 73, 99084 Erfurt
www.lzt-thueringen.de

3. aktualisierte Auflage 2016

ISBN: 978-3-943588-77-4

Inhalt

1945–1949: Der Weg in die Diktatur

Für keinen der Parteiführer war es der erste Aufenthalt in Moskau. Die Altkommunisten Wilhelm Pieck, Walter Ulbricht und Fred Oelßner hatten während der nationalsozialistischen Diktatur viele Jahre im – wie es in der Propaganda hieß – „Vaterland aller Werktätigen" verbracht. Auch der einstige Sozialdemokrat Otto Grotewohl, der gemeinsam mit Pieck der SED vorstand, war schon mehrfach in geheimer Mission im Kreml gewesen. Und dennoch dürfte die Anspannung der vier Funktionäre groß gewesen sein, als sie am 16. September 1949 überstürzt nach Moskau geflogen waren. Am Vortag hatte der westdeutsche Bundestag Konrad Adenauer zum Bundeskanzler gewählt. Jetzt, da die staatliche Teilung Deutschlands besiegelt schien, erwartete die ostdeutsche Delegation endlich „grünes Licht" zur Gründung „ihres" Staates. Doch in Moskau angekommen, mussten die deutschen Gäste – übrigens nicht zum ersten Mal – erleben, dass sie wenig mehr als Bauern auf dem Schachbrett der Stalinschen Europapolitik waren. Nicht genug damit, dass der Generalissimus die Delegation überhaupt nicht empfing, er ließ sie auch tagelang in der Regierungsdatsche Kunzewo bei Moskau warten. Denn anders als für die SED-Führung war die Oststaatsgründung für Stalin keineswegs ein Grund zur Freude. Schließlich war die sowjetische Deutschlandpolitik seit Mitte der Vierzigerjahre darauf ausgerichtet, dauerhafte militärische Sicherheit vor Deutschland zu erlangen, Reparationslieferungen aus den westlichen Industrierevieren zu erhalten und zu verhindern, dass das deutsche Potenzial ganz oder überwiegend in die Hände der Westmächte fiel. Was die politische Ordnung Deutschlands anging, zeigte sich die Sowjetunion durchaus realistisch. Das Minimalziel war ein neutrales, der Sowjetunion nicht feindlich

Bundesarchiv, Plak 100-055-053

Stalin als Freund und Helfer – Plakat mit Porträt Josef Stalins anlässlich seines 70. Geburtstags

gesonnenes Deutschland, mit einer bürgerlichen Demokratie, in der die Kommunisten an der Macht beteiligt sein mussten. Dies hätte die Voraussetzung dafür geboten, um schließlich in absehbarer Zeit doch noch das Maximalziel zu verwirklichen, das 1945 außerhalb der Reichweite war: die Installierung des eigenen Systems in Deutschland.

Vier Jahre nach dem hart erkämpften Sieg über das „Dritte Reich“ befand sich die Sowjetunion statt dessen in einem neuen, wenn auch noch kalten, Krieg. Den Konflikt mit den einstigen Verbündeten hatte die geschwächte UdSSR nicht gewünscht, dessen Eskalation jedoch wesentlich mit zu verantworten. Mit der Weststaatsgründung im Herbst 1949 standen die sowjetischen Deutschlandpolitiker vor einem Scherbenhaufen. Die Frontlinie des Kalten Krieges zog sich mitten durch Deutschland und ließ das Gespenst eines neuerlichen Schlagabtauschs mit dem alten Gegner wiederauferstehen, der diesmal – so die Angst – auf Seiten der Atommacht Amerika ins Feld ziehen würde. Angesichts dieser düsteren Perspektive verfolgten die Sowjets zwei widersprüchliche deutschlandpolitische Optionen. Einerseits hoffte der Kreml weiterhin, die Westmächte doch noch dazu zu bringen, Deutschland als Pufferstaat zu neutralisieren. Andererseits schien es die eigene militärische Sicherheit Ende der Vierzigerjahre zu verlangen, zumindest den Teil Deutschlands, dessen man 1945 habhaft geworden war, zum Bollwerk gegen den Westen auszubauen. Mit der bei Kriegsende gehegten Absicht, in der eigenen Besatzungszone ein Modell für ganz Deutschland zu etablieren, war die Sowjetunion 1949 jedenfalls gründlich gescheitert.

Ihre Besatzungspolitik trug nicht nur mit zur Entstehung des Kalten Krieges bei, sondern hatte die Sowjets auch bei der Mehrheit der Bevölkerung in Ost- wie in Westdeutschland gründlich diskreditiert. Dabei waren es nicht einmal so sehr die seit Sommer 1945 unter dem Leitsatz der „antifaschistisch-demokratischen Umwälzung“ durchgeführten strukturverändernden Maßnahmen in der ostdeutschen Wirtschaft und Gesellschaft, die den größten Widerspruch hervorriefen.

Bundesarchiv, Bild 183-2005-0923-525, Bratke

Von der SED inszenierte Demonstration gegen Besatzung und für deutsche Einheit im Februar 1949 in Ost-Berlin

Dazu zählten die Bodenreform, die Enteignungen in der Industrie sowie Reformen im Bildungswesen, mochten sie auch später die Grundlage für das kommunistische Herrschaftssystem bilden. Vielmehr war es der Besatzungsalltag östlich der Elbe, der das dort propagierte Modell beim größten Teil der Bevölkerung frühzeitig in Verruf brachte: Die erzwungene Vereinigung der SPD mit der KPD zur SED, deren Protektion durch die Besatzungsmacht, die mit einer rücksichtslosen Indienstnahme der Partei für die eigenen Interessen einherging, die nicht enden wollenden Demontagen, der immer stärker werdende Druck auf die politische Opposition, die zahllosen Übergriffe der Besatzungsmacht, die Verhaftungsaktionen der sowjetischen Geheimdienste, später die Berlin-Blockade und der zunehmende Gleichschaltungsdruck in der Gesellschaft mündeten schließlich 1948 in der offenen Sowjetisierung von Politik, Wirtschaft und Gesellschaft.

Der offensichtliche Widerspruch zwischen dem politischen Wollen und dem politischen Handeln der Sowjets hatte vielerlei Ursachen. Zum einen war Deutschland nur ein – wenn auch wesentlicher – Schauplatz im Kalten Krieg, der die einstigen Verbündeten zu unerbittlichen Feinden hatte werden lassen. Die Blockkonfrontation konnte an Deutschland nicht vorüber gehen. Zum anderen ergab sich der Widerspruch aus Fehleinschätzungen und Fehlwahrnehmungen der sowjetischen Besatzungsmacht. Moskau überschätzte nicht nur den Stellenwert, den die Frage der staatlichen Einheit im Bewusstsein der deutschen Bevölkerung hatte. Bis in die Fünfzigerjahre hinein glaubte der Kreml, dass die Aussicht auf die Wiedervereinigung die westdeutsche Bevölkerung so manche politische Kröte schlucken ließe. Darüber hinaus machte man sich lange Zeit über die Schlagkraft der westdeutschen Kommunisten und die Zugkraft der eigenen Ideologie Illusionen. Beide – so war man fest überzeugt – hätten sich in Westdeutschland lediglich aufgrund der Repressionen der westlichen Besatzungsmächte nicht entfalten können. So wurden die Verantwortlichen in Moskau Opfer ihres eigenen Wunschdenkens. Für die Besatzungsmacht war nicht nachvollziehbar, wieso die politische Realität in der SBZ den meisten Menschen als undemokratisch galt. Schließlich hatte man in dieser Hinsicht – gemessen am eigenen Staatswesen – in Ostdeutschland geradezu unvorstellbare Zugeständnisse gemacht. Hierin liegt ein Schlüssel zum Verständnis für die ostdeutsche Nachkriegsentwicklung verborgen: Aufgewachsen in einer Diktatur, sozialisiert zur Zeit des politischen Terrors in der Sowjetunion der Dreißigerjahre und von der Richtigkeit der eigenen politischen Dogmen überzeugt, verfolgten und beförderten die sowjetischen Besatzungsoffiziere – ob bewusst oder unbewusst – immer eine Politik, die dem eigenen Denken am nächsten kam. Darin wurden sie bald von jenen Kräften in der SED bestärkt, die erkannt hatten, dass eine Einigung der Siegermächte in der deutschen Frage beinahe zwangsläufig mit dem eigenen Machtverlust einhergehen würde. Spätestens seit dem Jahreswechsel 1947/48 galt für die SED-Strategen ein Leitsatz, der auch im Westen Deutschlands die Politik bestimmen sollte: Lieber das halbe Deutschland ganz, als das ganze Deutschland halb. Dies darf jedoch nicht darüber hinwegtäuschen, dass die Weststaatsbildung in großer Übereinstimmung mit der betroffenen Bevölkerung erfolgte. Im Osten war dies nicht der Fall.

Demokratischer Neuanfang 1945?

Vier Jahre vor der Moskaureise der SED-Delegation im September 1949 war die skizzierte Entwicklung keineswegs vorhersehbar gewesen. Als die deutsche Wehrmacht am 8./9. Mai 1945 bedingungslos kapitulierte, half der Sieg der Anti-Hitler-Koalition zunächst, die Spannungen zu verwischen, die aus den unterschiedlichen Gesellschaftssystemen des kapitalistischen Westens und der kommunistischen Sowjetunion erwachsen sollten. Der Krieg hatte fast 55 Millionen Menschen das Leben gekostet. Durch Europa zog sich eine Spur der Verwüstung. Deutschland glich einem Trümmerfeld. Sechs Millionen Deutsche waren an der Front, bei Luftangriffen, auf der Flucht oder in den Konzentrationslagern getötet worden. Die Zukunft war ungewiss.

Das Land war in vier Besatzungszonen aufgeteilt. In der Sowjetischen Besatzungszone (SBZ) nahm am 9. Juni 1945 die Sowjetische Militäradministration in Deutschland (SMAD) ihre Arbeit auf.

Im Potsdamer Abkommen vom August 1945 bekundeten die Siegermächte USA, Großbritannien, Frankreich und Sowjetunion ihre Absicht, die oberste Regierungsgewalt bei allen „Deutschland als ein ganzes betreffenden Angelegenheiten" gemeinsam auszuüben. Klare Aussagen zur staatlichen Zukunft des Landes trafen sie indes nicht. Gesamtdeutsche Fragen waren Sache des Alliierten Kontrollrats. Doch der sollte bald vom zunehmenden Ost-West-Gegensatz gelähmt werden. Für die deutsche Nachkriegsentwicklung erwies sich deshalb der Grundsatz als bedeutsam, dass die Ausübung der obersten Gewalt in den Besatzungszonen in den Händen der dortigen Oberbefehlshaber lag. Diese begannen früh damit, ihr eigenes System auf den von ihnen besetzten Teil zu übertragen.

Bundesarchiv, Bild 183-E0406-0022-003

Blick auf das durch den Krieg zerstörte Berlin im August 1945

Zunächst schien ausgerechnet die sowjetische Besatzungszone zum Motor eines demokratischen Neuanfangs in Deutschland zu werden. Bereits fünf Wochen nach der Kapitulation gestattete die SMAD mit ihrem Befehl Nr. 2 vom 10. Juni die Gründung von Parteien und Gewerkschaften in ihrem Herrschaftsgebiet. Innerhalb weniger Wochen formierten sich die Kommunistische Partei Deutschlands (KPD), die Sozialdemokratische Partei Deutschlands (SPD), die Christlich-Demokratische Union (CDU) sowie die Liberal-Demokratische Partei (LDP). Die Kommunisten verzichteten in ihrem Gründungsaufruf vom 11. Juni auf jegliche revolutionäre Rhetorik. Ohne den Begriff „Sozialismus" überhaupt zu verwenden, forderten sie die „Vollendung" der vom Bürgertum getragenen Revolution von 1848. Sie bekannten sich zu „allen Rechten und Freiheiten für das Volk" und traten für die „völlig ungehinderte Entfaltung des freien Handels und der privaten Unternehmerinitiative" ein. Die Einführung des Sowjetsystems schloss die Partei zum damaligen Zeitpunkt ausdrücklich aus.

Anders als die taktierende KPD sprachen sich die Sozialdemokraten in ihrem Gründungsdokument klar für „Demokratie in Staat und Gemeinde und Sozialismus in Wirtschaft und Gesellschaft" aus. Die CDU wurde zur Sammlungspartei des protestantisch-konservativen Lagers. Sie proklamierte eine christlich-soziale und demokratische Politik und befürwortete die Verstaatlichung der Schlüsselindustrien sowie der Bodenschätze, ohne das Privateigentum jedoch prinzipiell in Frage zu stellen. Die LDP knüpfte an die liberalen parteipolitischen Strömungen Weimars an. Aufgrund ihrer ablehnenden Haltung gegenüber einer sozialistischen Politik fand sie schnell Rückhalt in der Bevölkerung. Mitte Juli bildeten die Parteien die „Einheitsfront der antifaschistisch-demokratischen Parteien". In diesem Parteienblock – von dem später die Bezeichnung Blockparteien abgeleitet wurde – galt das Prinzip der Einstimmigkeit. Angesichts der drängenden Gegenwartsprobleme sowie der verhängnisvollen Zerstrittenheit der demokratischen Kräfte vor 1933, zu denen die KPD damals allerdings nicht gezählt werden konnte, erschien eine solche Zusammenarbeit vielen Menschen folgerichtig.

Die Startbedingungen der Parteien waren von Beginn an unterschiedlich. In den letzten Kriegstagen waren von der Sowjetarmee drei Gruppen deutscher Kommunisten nach Deutschland eingeflogen worden. Sie sollten die Besatzungsmacht bei der Wiederingangsetzung der Verwaltung und Versorgung unterstützen. Die KPD-Parteispitze und mit ihr Tausende deutsche Kommunisten hatten im sowjetischen Exil auf ihren Einsatz nach Kriegsende gewartet. Wolfgang Leonhard, das jüngste Mitglied der „Gruppe Ulbricht", berichtete später: „Wir sollten in Berlin die Bezirksverwaltungen aufbauen und dazu die geeigneten Antifaschisten auswählen". Dabei habe die Di-

Bundesarchiv, Plak 103 023 024, Schubert

Plakat für Wohnungsbau, 50er-Jahre

rektive Walter Ulbrichts gegolten: „Es muss demokratisch aussehen, aber wir müssen alles in der Hand halten." Auf diese Weise konnten die Kommunisten wichtige Schlüsselstellungen innerhalb der Verwaltung mit ihren Leuten besetzen. Hinzu kam, dass die Besatzungsmacht die KPD auch materiell – etwa mit Fahrzeugen und Benzin, Papier für Zeitungen und Flugblätter etc. – bevorzugte.

Wichtig für das Verständnis der damaligen Zeit ist der Umstand, dass die Erinnerung an das Versagen der bürgerlichen Mitte und des Konservativismus vor 1933 europaweit zu einem Linksruck und zu einem starken Einheitsdrang innerhalb der Arbeiterbewegung geführt hatte. Nicht zuletzt der Labour-Wahlsieg in Großbritannien mochte bei vielen politisch interessierten Deutschen im Sommer 1945 dazu geführt haben, dass ihnen eine wie auch immer geartete sozialistische Alternative für den Wiederaufbau Deutschlands unausweichlich und richtig erschien.

Innerhalb der Mitgliedschaft von SPD und KPD war der Drang im Sommer 1945 groß, die schmerzlich empfundene Spaltung der Arbeiterbewegung zu überwinden. Viele Menschen erklärten sich damit den Sieg der Nationalsozialisten im Jahre 1933. Doch die KPD Führung lehnte ein entsprechendes Angebot der SPD Ende Juni 1945 ab. Die aus dem Moskauer Exil heimgekehrten Parteiführer wollten zunächst die eigene Partei wieder aufbauen und an der neuen Generallinie ausrichten. Außerdem hofften sie, die Sozialdemokratie beerben zu können, die sie für diskreditiert erachteten. Man vereinbarte jedoch eine enge Zusammenarbeit.

Im September ergriffen KPD und SPD unterstützt von der SMAD die Initiative zur ersten tiefgreifenden Umstrukturierung der Gesellschaftsordnung: Durch eine Bodenreform wurden Großbauern, die über 100 ha Boden besaßen, sowie das Land von ehemals führenden Nationalsozialisten entschädigungslos enteignet. Die Notwendigkeit einer Bodenreform wurde durchaus auch innerhalb der bürgerlichen Parteien gesehen. Dort stieß jedoch das „Wie" auf heftige Kritik. Vor allem innerhalb der CDU forderte man eine Entschädigung. Auf Druck der SMAD mussten deshalb der CDU-Parteivorsitzende Andreas Hermes und sein Stellvertreter Walter Schreiber ihre Ämter im Dezember 1945 niederlegen. Ihre Nachfolge traten Jakob Kaiser und Ernst Lemmer an.

Im Oktober brachte man die Schulreform mit dem Ziel auf den Weg, alte Bildungsprivilegien zu überwinden. Nach einem Volksentscheid im Juni 1946 wurden in Sachsen die bereits im Herbst 1945 von der SMAD beschlagnahmten Betriebe von tatsächlichen und angeblichen „Kriegs- und Naziverbrechern“ entschädigungslos enteignet. Unter der Losung „Enteignung der Kriegsverbrecher“ erfolgte bis 1948 in der SBZ die Verstaatlichung von fast 10.000 Unternehmen. All dies bereitete den Boden für die spätere Planwirtschaft.

Bundesarchiv, Plak 100-031-034

Plakat zur Enteignung von Betrieben in der Sowjetischen Besatzungszone, 1946

Bundesarchiv, Plak 100-013-013

Plakat zur Gründung der SED aus KPD und SPD 1946

Einheitsdrang – Einheitszwang

Im Herbst 1945 bahnte sich eine grundlegende Veränderung im Parteiensystem an. Ab September trat die KPD-Führung für eine rasche Vereinigung der beiden Arbeiterparteien ein, die sie noch wenige Monate zuvor brüsk abgelehnt hatte. Zwar war es den Kommunisten in der Zwischenzeit gelungen, ihren Parteiapparat aufzubauen, sie mussten jedoch feststellen, dass sie nicht über den erwarteten Rückhalt innerhalb der Bevölkerung verfügten. Derweil hatte die SPD mit zunehmendem Selbstbewusstsein einen politischen Führungsanspruch formuliert.

Die Sozialdemokraten reagierten uneinheitlich auf die KPD-Initiative. Stand die Parteiführung um Grotewohl dem Einheitsdrängen in den letzten Wochen des Jahres 1945 immer ablehnender gegenüber, befürworteten zahlreiche Sozialdemokraten an der Basis sowie nicht wenige „Landesfürsten" ein Zusammengehen mit den Kommunisten. Hatten sie nicht Seite an Seite mit den kommunistischen Genossen gegen Hitler gekämpft und in den Konzentrationslagern gelitten? Das Bekenntnis der KPD zur Demokratie schien frühere Gegensätze verwischt zu haben. Viele Sozialdemokraten glaubten, dass sie aufgrund ihrer zahlenmäßigen Überlegenheit und ihrem Ansehen innerhalb der Bevölkerung in der gemeinsamen Partei den Ton angeben würden. Mitte Dezember 1945 war noch nichts entschieden. Immer häufiger gingen in der Berliner SPD-Zentrale Berichte ein, dass Einheitsgegner von der Besatzungsmacht unter Druck gesetzt und einige sogar verhaftet worden waren. Kurt Schumacher, der damals führende SPD-Politiker in den Westzonen, lehnte eine Verschmelzung der Parteien kategorisch ab.

SLUB / Deutsche Fotothek, df_pk_0000172_a_041, Abraham Pisarek

Vereinigungsparteitag von KPD und SPD im April 1946 in Ost-Berlin

Wenige Tage vor dem ersten Friedensweihnachtsfest gab die SPD-Führung dem massiven Druck von SMAD und KPD sowie einheitswilligen Parteiverbänden auf Bezirks- und Landesebene nach. Mit der These vom „besonderen deutschen" und „demokratischen" Weg zum Sozialismus war die KPD den Sozialdemokraten ideologisch entgegengekommen. Nur in der Viermächtestadt Berlin gelang es, in der SPD eine Mitgliederbefragung über die Verschmelzung durchzusetzen. Dabei sprachen sich 82 Prozent der Teilnehmer gegen eine sofortige (!) Verschmelzung mit der KPD aus.

Am 21. und 22. April 1946 beschlossen 507 Delegierte der KPD und 548 der SPD auf dem „Vereinigungsparteitag" im Berliner Admirals-Palast die Gründung der Sozialistischen Einheitspartei Deutschlands, der SED. Noch schien der Weg der SED zur späteren stalinistischen Staatspartei nicht zwingend vorgezeichnet. Zentrale Funktionen waren in der neuen Partei mit ehemaligen Kommunisten und Sozialdemokraten paritätisch besetzt. In der Mitgliedschaft hatten die Sozialdemokraten sogar ein leichtes Übergewicht. Doch dem einheitlichen

Auftreten und dem von den Sowjets unterstützten Vormachtanspruch der Kommunisten konnten die Sozialdemokraten in der gemeinsamen Partei bald nur noch wenig entgegensetzen.

Während die Akteure auf der politischen Bühne um den richtigen Weg stritten, machte sich im Alltag der Menschen endlich wieder ein Stück Normalität breit. Die schlimmsten Versorgungsmängel wurden nach und nach überwunden, die Wahlen im Herbst 1946 als ein weiterer Schritt in Richtung Demokratie gedeutet. In Mecklenburg, Thüringen und Sachsen errang die SED gemeinsam mit den Stimmen der von ihr kontrollierten „Vereinigung der gegenseitigen Bauernhilfe“ eine knappe Mehrheit in den Landesparlamenten. Dagegen erzielten CDU und LDP in Brandenburg und Sachsen-Anhalt ein hauchdünnes Übergewicht. Doch die Hoffnung, die Parteien würden im demokratischen Meinungsstreit auf ein einheitliches, demokratisches Deutschland hinarbeiten, sollte sich als trügerisch erweisen. Zwang und Repression gehörten seit Kriegsende zur politischen Realität, die in der Öffentlichkeit jedoch nicht diskutiert werden konnte. Unmittelbar nach Kriegsende hatte die sowjetische Siegermacht in ihrer Besatzungszone zehn „Speziallager“ errichtet, in denen nationalsozialistische Kriegsverbrecher und deren Handlanger interniert werden sollten. Inzwischen veröffentlichte sowjetische Archivdokumente belegen, dass in den Lagern bis zu ihrer Auflösung im Jahre 1950 mehr als 120.000 Deutsche einsaßen. Nach offiziellen Angaben verstarb dort jeder dritte Inhaftierte an den menschenverachtenden Haftbedingungen. Die Verhaftungen erfolgten zunehmend willkürlich. Von den Internierten waren die wenigsten NS-Verbrecher, da diese in der Regel abgeurteilt und in Gefängnisse in Deutschland oder in die Sowjetunion verbracht wurden. So kam es, dass sich die Lager zunächst mit zahlreichen Opfern von Denunziationen und Jugendlichen unter „Werwolf“-Verdacht füllten. Mehr und mehr fanden sich aber auch oppositionelle Sozialdemokraten, Anhänger der bürgerlichen Parteien und sogar Kommunisten, die nicht bereit gewesen waren, sich der Parteilinie unterzuordnen, hinter Stacheldraht wieder.

Bundesarchiv, Plak 102-040-019

Der Weg in die Zweistaatlichkeit

Auf den Außenministerkonferenzen in Moskau (März/April 1947) und London (November/Dezember 1947) konnten sich die Siegermächte nicht mehr auf eine gemeinsame Deutschlandpolitik einigen. Die Weichen für eine Teilung Deutschlands wurden gestellt. In der Ostzone hatten die Bildung von Zentralverwaltungen, die Vereinheitlichung der Polizei etc. Voraussetzungen für eine Sonderentwicklung geschaffen. Ähnliches geschah in den Westzonen. Die Amerikaner riefen mit dem Marshall-Plan ein wirtschaftliches Aufbauprogramm für Europa ins Leben, von dem auch Westdeutschland profitieren konnte, und schlossen ihre Zone mit der britischen zur Bizone zusammen. Deutsch-deutsche Einigungsbemühungen – wie die Münchener Ministerpräsidentenkonferenz im Mai 1947 – scheiterten. Angesichts der zunehmenden Spannungen zwischen den einstigen Verbündeten begann die Sowjetunion 1947 die Formierung des Ostblocks voranzutreiben. 1948, als Titos Jugoslawien Stalin den Gehorsam verweigerte, sollte der Sowjetisierungsdruck, dem sich die osteuropäischen Staaten ausgesetzt sahen, noch steigen.

Diese Entwicklungen spiegelten sich in der Verschärfung des politischen Klimas in der SBZ wider. Im Herbst 1947 rief die SED die „Volkskongressbewegung" ins Leben. Aus allen Besatzungszonen sollten Delegierte zu einem „Deutschen Volkskongress" entsandt werden, der die Position der Sowjets auf der Londoner Außenministerkonferenz propagandistisch zu unterstützen hatte. Nach dem die Westmächte das allzu leicht durchschaubare Propagandaspektakel untersagten, beschränkte sich die Kampagne auf die SBZ. Dort diente sie dazu, die CDU und die LDP, die bis dahin versucht hatten, eigene

Politikangebote zu entwickeln, dem einheitssozialistischen Kurs unterzuordnen. Die Frage der Beteiligung am „Volkskongress“ wurde zur Nagelprobe für die Bereitschaft eine „antifaschistisch-demokratische“ Politik zu vertreten, wie es die SED für sich reklamierte. Als der CDU-Vorsitzende Jakob Kaiser und sein Stellvertreter Ernst Lemmer die Teilnahme ablehnten, wurden sie Mitte Dezember 1947 auf massiven Druck der SMAD ihrer Ämter enthoben.

Dies war der vorläufige Höhepunkt des Transformationsprozesses, den alle Parteien in der SBZ zwischen 1945 und 1952 durchliefen und in dessen Verlauf die „Blockparteien“ CDU und LDP schließlich jegliche Eigenständigkeit verloren. Dazu trug insbesondere die von der SMAD initiierte und von der SED organisierte Gründung der Demokratischen Bauernpartei Deutschlands (DBD) und der National-Demokratischen Partei Deutschlands (NDPD) im Frühjahr 1948 bei. Diese hätten im Falle einer Verweigerungshaltung von CDU und LDP gegenüber der SED-Politik als „bürgerliche“ Parteien den Anschein eines Parteienpluralismus aufrechterhalten. Der Umstand, dass die Gründungsvorsitzenden beider Parteien Altkommunisten waren, verdeutlichte deren Marionettencharakter. Anfang der Fünfzigerjahre erkannten alle Parteien den Führungsanspruch der SED auch formell in ihrem Statut an. Gleiches galt für die von der SED kontrollierten „Massenorganisationen“: dazu zählten u.a. der Freie Deutsche Gewerkschaftsbund (FDGB), die Freie Deutsche Jugend (FDJ) sowie der Demokratische Frauenbund Deutschlands (DFD). Kennzeichnend für diese Organisationen war, dass sie, 1945/46 formal überparteilich gegründet, innerhalb weniger Jahre völlig den SED-Interessen untergeordnet wurden. Sie sollten schließlich bis zum Ende der DDR als Transmissionsriemen die Politik der SED in ihrer jeweiligen Zielgruppe vermitteln.

Aber auch die SED unterlag 1948/49 einem Wandlungsprozess: Nach dem Vorbild der KPdSU wurde sie zur stalinistischen „Partei neuen Typus“ umgeformt. Damit einher ging die Bekämpfung der in Teilen der Parteimitgliedschaft noch vertretenen sozialdemokratischen Auffassungen sowie die Rücknahme der These vom „besonderen deutschen Weg" zum Sozialismus.

Als sich die internationale Lage 1948 zuspitzte, gewann der Kalte Krieg weiter an Schärfe und vertiefte den Riss, der sich quer durch Deutschland zog. Eine getrennte Währungsreform zunächst in West-, dann in Ostdeutschland beschleunigte die Auseinanderentwicklung. Als die Westalliierten die DM auch in ihren Berliner Sektoren einführten, reagierten die Sowjets mit einer totalen Blockade des Güterverkehrs nach West-Berlin. Von dieser Entscheidung überrascht, beschlossen die Westmächte, Berlin aus der Luft zu versorgen. Von Juni 1948 bis Mai 1949 währte diese Luftbrücke. Sie machte aus den westlichen Besatzern in den Augen der Bevölkerung Schutzmächte, während die Sowjetunion als Aggressor wahrgenommen wurde. Die westlichen Siegermächte wie auch die sowjetischen Besatzungsorgane in Ostdeutschland bereiteten in dieser Zeit – mehr oder weniger offen – die Gründung zweier Separatstaaten vor, die in den jeweiligen Herrschaftsbereich eingebunden werden sollten. Die Verkündigung des Bonner Grundgesetzes im Mai 1949, die Bundestagswahlen im August und die Wahl Konrad Adenauers zum ersten Bundeskanzler schufen eindeutige Fakten. Eine Verständigung zwischen den unterschiedlichen Systemen schien zu diesem Zeitpunkt kaum mehr möglich.

Die Gründung des „Arbeiter-und-Bauern-Staates"

Vor dem Hintergrund dieser stürmischen Entwicklung übermittelte der sowjetische Staats- und Parteichef am 27. September 1949 der in Moskau wartenden SED-Delegation seine Zustimmung zur DDR-Gründung. Zehn Tage hatten Pieck, Grotewohl und Ulbricht auf die erlösende Nachricht warten müssen. Sie eilten nach Berlin zurück. Jetzt ging alles sehr schnell. Von der Dynamik der Ereignisse überrollt, ließen sich die Vorsitzenden

Bundesarchiv, Bild 183-M0502-306, Otto Donath

Ost-Berlin, Gründung der DDR am 7. Oktober 1949

der Blockparteien CDU und LDP nicht nur die Zustimmung zur DDR-Gründung abringen, sondern auch zur Verschiebung der Volkskammerwahlen auf das Jahr 1950. Zugesicherte Minister- und Staatssekretärsposten dürften den widerstrebenden Politikern ihre Entscheidung erleichtert haben.

Unter Ausschluss der Öffentlichkeit zeigte sich das wahre Demokratieverständnis der SED-Führung. Als der SED-Parteivorstand Anfang Oktober zusammentrat, um die Gründungsvorbereitungen für den ersten „Arbeiter-Bauern-Staat" abzusegnen, tönte der Parteipropagandist Gerhart Eisler: „... wenn wir eine Regierung gründen, geben wir sie niemals wieder auf, weder durch Wahlen noch andere Methoden". „Das haben einige noch nicht verstanden", lautete Ulbrichts lapidarer Kommentar dazu.

Am 7. Oktober war es schließlich soweit: Der Volksrat, ein pseudoparlamentarisches Gremium, das aus dem im Mai 1949 auf der Grundlage von Einheitslisten gewählten III. Volkskongress hervorgegangen war, erklärte sich zur „Provisorischen Volkskammer". Vier Tage später wählte das selbsternannte Parlament Otto Grotewohl zum Ministerpräsidenten und Wilhelm Pieck zum Präsidenten der Deutschen Demokratischen Republik. Am Abend des 11. Oktober ließ der FDJ-Vorsitzende Erich Honecker 200.000 FDJler mit Fackeln an der Staats- und Parteiführung vorbeidefilieren. Namens der „deutschen Jugend" gelobte der Siebenunddreißigjährige der DDR „Treue, weil in ihr die Selbstbestimmung des deutschen Volkes zum ersten Mal im ganzen Umfang hergestellt sein wird".

Bundesarchiv, Bild 183-12351-0003, Horst Sturm

Bau der Stalinallee (später Karl-Marx-Allee) im Oktober 1951 in Ost-Berlin

Die DDR in den Fünfzigerjahren

Das formal weiterbestehende Mehrparteiensystem in der DDR konnte nicht darüber hinwegtäuschen, dass die SED, beauftragt und kontrolliert von ihrer sowjetischen Schutzmacht, zur allein bestimmenden Kraft in der DDR wurde. Die Strukturen in Gesellschaft und Wirtschaft wurden immer mehr dem sowjetischen Modell angeglichen. Der III. Parteitag der SED im Juli 1950 wählte Walter Ulbricht zum Generalsekretär. Kurze Zeit später begann auf allen Ebenen eine weitreichende Parteisäuberung, der auch hohe Parteifunktionäre zum Opfer fielen. Ein Jahr nach Gründung der DDR hatte die SED ihre Position soweit gefestigt und die Bevölkerung eingeschüchtert, dass die „Wahlen" zur Volkskammer bei einer Beteiligung von 98 Prozent 99,7 Prozent „Zustimmung" für die Einheitsliste erbrachten. Mit der Aufnahme der DDR in den Rat für Gegenseitige Wirtschaftshilfe (RGW) im September 1950 und dem Beginn des ersten Fünfjahrplans im Januar 1951 wurde die Ostintegration der DDR vorangetrieben.

Und dennoch stand die Entwicklung in der DDR nach wie vor unter dem Vorbehalt einer – wenn auch immer unwahrscheinlicher erscheinenden – Einigung der einstigen Alliierten. Stalin, der die Gründung der DDR im Herbst 1949 in einem Grußtelegramm als „Wendepunkt in der Geschichte Europas" bezeichnet hatte, da „die Existenz eines friedliebenden demokratischen Deutschland neben dem Bestehen der friedliebenden Sowjetunion die Möglichkeit neuer Kriege in Europa" ausschließen würde, hatte seine deutschlandpolitischen Ziele der Nachkriegszeit noch nicht zu den Akten gelegt. Als zum Jahreswechsel 1951/52 die militärische Integration der Bundesrepublik in die westliche Allianz vorbereitet wurde, leitete die Sowjetunion Mitte Februar 1952 eine neue deutschlandpolitische Initiative ein. Am 10. März forderte Moskau die Westmächte zum wiederholten Male auf, die „schleunigste Bildung“ einer gesamtdeutschen Regierung einzuleiten. Der als Stalin-Note in die Geschichte eingegangene Vorstoß sah ein neutralisiertes Deutschland mit eigenen Streitkräften in den Grenzen von 1945 vor, aus dem sich die Siegermächte ein Jahr nach Abschluss des Friedensvertrages zurückziehen sollten. Die ablehnende Reaktion der Westmächte verdeutlichte zwei Wochen später, dass die Westintegration der Bundesrepublik nicht mehr aufzuhalten war. Im Westen hatte man die Stalin-Note als den durchsichtigen Versuch Moskaus interpretiert, die US-Truppen aus Europa zu verdrängen, um das neutralisierte Deutschland alsbald in seiner Gesamtheit in den sowjetischen Einflussbereich einzuverleiben. Vor diesem Hintergrund verordnete Stalin den in Moskau weilenden SED-Führern Pieck, Grotewohl und Ulbricht Anfang April einen abrupten Kurswechsel. Jetzt galt es, die Sicherheitsbelange der Sowjetunion am Status quo auszurichten. „Volksarmee schaffen – ohne Geschrei. Pazifistische Periode ist vorbei“ und „Demarkationslinie gefährliche Grenze“, notierte sich Wilhelm Pieck nach den Gesprächen mit Stalin am 1. und am 7. April, der eine umfassende militärische Aufrüstung der DDR angeordnet hatte. Auch sollte die sozialistische Umgestaltung der Landwirtschaft durch die „Schaffung von Produktiv-Genossenschaften“ im Dorfe vorangetrieben werden. Allerdings: „Niemand zwingen. Nicht schreien Kolchosen – Sozialismus. Tatsachen schaffen“, mahnte der sowjetische Parteichef, der die SED-Führer einige Jahre zuvor schon einmal mit den ungestümen „Teutonen“ verglichen hatte. Dies hinderte ihn jedoch nicht daran, gleichzeitig eine härtere innenpolitische Gangart in der DDR zu verlangen: „Prozesse durchführen“, „kein Pazifismus“ notierte sich Pieck und das Versprechen: „Erfüllt Euch mit Kampfgeist, wir werden Euch helfen“.

Klassenkampf „von oben"

Im Juli 1952 war es schließlich soweit. Auf der II. SED-Parteikonferenz proklamierte Walter Ulbricht den „Aufbau des Sozialismus" in der DDR. Er rief den Teilnehmern der Konferenz zu: „Wir werden siegen, weil der große Stalin uns führt". Die Delegierten erklärten den „Sturz der Bonner Regierung" zur Voraussetzung für die deutsche Einheit. Etwaigen Widerspruch in der Gesellschaft wollte man mit einer „Verschärfung des Klassenkampfes" begegnen. Um den „feindlichen Widerstand zu brechen und die feindlichen Agenten unschädlich zu machen", forderte die SED entsprechend der sowjetischen Weisungen dazu auf, „die Heimat und das Werk des sozialistischen Aufbaus durch die Organisierung bewaffneter Streitkräfte zu schützen". Die Abriegelung der innerdeutschen Grenze und die Auflösung der fünf Länder zugunsten von 14 Verwaltungsbezirken – letzteres kam der zentralistischen SED-Politik ent-

Bundesarchiv, Bild 183-11644-0006, Hans-Günter Quaschinsky

Junge Pioniere bei der Eröffnung des „Tag des Sports" am 24. August 1951

gegen – stellten weitere Etappen bei der Umformung der DDR nach sowjetischem Vorbild dar. Darüber hinaus beschloss die Parteikonferenz nicht nur die Gründung Landwirtschaftlicher Produktionsgenossenschaften (LPG), sondern auch von „Produktionsgenossenschaften des Handwerks".

Die Beschlüsse der II. Parteikonferenz hatten dem über der SED schwebendem Damoklesschwert einer plötzlichen deutschlandpolitischen Übereinkunft Moskaus mit den Westmächten viel von seiner Bedrohung genommen. Doch der Preis war hoch, den die Berliner Partei- und Staatsführung für die weitere Integration ihres Protektorats in den Ostblock zahlen musste. Die Kosten für den ostdeutschen Militärbeitrag zum sowjetischen Sicherheitssystem und der damit einhergehende forcierte Ausbau der Schwerindustrie sollten den jungen Teilstaat binnen Jahresfrist politisch und wirtschaftlich vor die Zerreißprobe stellen.

Mittels der Steuer- und Abgabenschraube versuchte die Parteiführung, nicht nur ihren enormen Finanzbedarf aus dem Mittelstand zu pressen, sondern diesen auch in die Genossenschaften zu drängen. Trotz der halbherzigen Mahnung, „Überspitzungen" bei der Kollektivierung der Landwirtschaft zu vermeiden, tobte im Herbst 1952 auf dem Lande der „Klassenkampf". Wer von den Groß- und Mittelbauern das festgesetzte „Soll" unterschritt, sah sich rasch als „Schieber" oder „Spekulant" kriminalisiert. Bis Ende Januar 1953 wurden gegen mehr als 1.200 Bauern Strafverfahren angestrengt. Auch bei dem Versuch, das private Handwerk zum Beitritt in die Produktionsgenossenschaften zu bewegen, setzte die SED mehr auf das Wirtschaftsstrafrecht als auf Überzeugungsarbeit. Ab Oktober 1952 sorgte das „Gesetz zum Schutz des Volkseigentums" selbst bei kleinsten Diebstählen für drakonische Strafen. Zwischen Juli 1952 und Mai 1953 verdoppelte sich die Zahl der Gefängnisinsassen auf über 66.000. Doch der „Klassenkampf" der SED beschränkte sich nicht allein auf den wirtschaftlichen Bereich. Nachdem zum Jahreswechsel 1952/53 Schauprozesse gegen Funktionäre der Blockparteien für Aufsehen gesorgt hatten, ging die SED Anfang 1953 zum offenen Terror gegen die kirchliche Jugendarbeit über. Selbst die kleine jüdische Gemeinde, die den Holocaust überlebt hatte, sah sich politischer Verfolgung ausgesetzt.

Seit Sommer 1952 war die SED-Politik zu einem kalten Krieg gegen die gesamte Bevölkerung eskaliert. Längst regte sich auch in der Arbeiterschaft der Unmut gegen die in ihrem Namen ausgeübte Herrschaft. Mit Einsparungen und Plädoyers zur Erhöhung der Arbeitsproduktivität allein ließe sich der zusätzliche Finanzbedarf ebenso wenig decken wie durch die immer drückenderen Steuer- und Abgabelasten für den Mittelstand. So setzte die SED-Führung in ihrer Not zunehmend auf Preissteigerungen, strich Subventionen und erhöhte die Akkordsätze. Gleichzeitig verschlechterte sich die Versorgungslage stetig. In der Bevölkerung gärte es.

Trotz des flächendeckenden Informationsapparates der Partei und des 1950 gegründeten Ministeriums für Staatssicherheit verkannte die SED die Situation völlig. Noch Ende Mai erhöhte sie die Arbeitsnormen in der Industrie und im Bauwesen. Es bedurfte der Anweisung der sowjetischen „Bruderpartei“, um den forcierten Aufbau des Sozialismus in der DDR zu stoppen. Obwohl in der Parteispitze der KPdSU nach Stalins Tod im März 1953 ein Machtkampf entbrannt war, bewies man dort genügend Weitsicht, um den verhängnisvollen Charakter der SED-Politik zu erkennen. Als die Partei am 9. Juni auf Anweisung der sowjetischen Besatzungsmacht einen „Neuen Kurs“ verkündete und „eine Reihe von Fehlern“ eingestand, ohne jedoch die Normenerhöhung zurückzunehmen, brachte sie das Fass zum Überlaufen.

Der 17. Juni 1953 erschüttert das politische System

Mit derlei halbherzigen Schritten ließ sich die aufgebrachte Bevölkerung nicht mehr beruhigen. Am 16. Juni legten die Bauarbeiter in der Berliner Stalinallee ihre Arbeit nieder und zogen in einem Protestmarsch durch die Ost-Berliner Innenstadt. Wer nach einem Auslöser für das große Ereignis unter dem sommerlichen Gewitterhimmel Berlins sucht, der findet ihn wahrscheinlich in jener ominösen „Dampferfahrt", die in vielen Quellen genannt, deren konkreter Ablauf jedoch erst nach Öffnung der ostdeutschen Archive rekonstruiert werden konnte. Am Samstag, dem 13. Juni, verwandelte sich ein geselliger Betriebsausflug von fünf- bis sechshundert Arbeitern und Angestellten der Baustelle des Krankenhauses Friedrichshain in der Gaststätte „Rübezahl" am Müggelsee in eine hochpolitische Streikversammlung. Wie ein Lauffeuer verbreitete sich am Montag die Nachricht von dem zwei Tage zuvor ausgerufenen Streik auf der Krankenhausbaustelle. Als Volkspolizisten am Morgen des 16. Juni das Krankenhaus umstellten, legten auch die Bauarbeiter der Stalinallee die Arbeit nieder. Ein Beteiligter erinnert sich: „Die Situation unserer Kollegen wurde kurz bekanntgegeben. Innerhalb ganz kurzer Zeit kamen die Kollegen, in Arbeitskleidung, so wie wir waren, in Holzpantinen und nur mit Hemd usw. bekleidet, zusammen. Dann haben wir uns formiert zu einem Zug von etwa 300 bis 500 Leuten und sind auf der Straße zum Krankenhaus marschiert."

Am 17. Juni kam es in rund 700 Städten und Gemeinden zu Streiks und Demonstrationen. Rasch gesellten sich zu den ökonomischen Forderungen der Ruf nach Demokratie, Einheit und freien Wahlen. Die Partei- und Staatsführung erwies sich als ohnmächtig. Die sowjetische Besatzungsmacht musste Panzer schicken und im ganzen Land den Ausnahmezustand verhängen, um die Lage wieder unter Kontrolle zu bringen. Für die SED-Führung ein Schock: „Es war doch ein Stoß in die Herzgegend – mit welcher Liebe haben wir die Partei aufgebaut – zu erkennen, dass uns Teile der Partei im Stich ließen, dass uns die Jugend im Stich ließ! Das tut doch weh. (...) Was ist denn mit der höchsten Instanz unserer Partei hier los? Wir sitzen da, als hätten wir uns in die Hosen gemacht." Vier Tage nach dem Arbeiteraufstand am 17. Juni 1953 fasste der damals 74jährige, einstige Sozialdemokrat Otto Buchwitz, der nur noch re-

Bundesarchiv, B 145 Bild-00014118

Volksaufstand in der DDR: vor dem Columbia-Haus am Potsdamer Platz in Ost-Berlin, 17. Juni 1953

Ullsteinbild 00031624 Schirner

Panzer gegen Demonstranten am 17. Juni 1951 auf dem Potsdamer Platz in Ost-Berlin

präsentative Funktionen innehatte, die Stimmung in der SED-Führung zusammen. Die Statthalter Moskaus fürchteten die Rache des Volkes, aber auch die Abrechnung der eigenen Parteibasis.

Kein anderes Ereignis in der Geschichte der DDR hat die von der SED gehegte Mär vom Arbeiter- und Bauernstaat deutlicher entlarvt als die Rebellion der Arbeiter in jenen Junitagen. Der spontane und ohne Führung ausgebrochene Widerstand konnte in den folgenden Wochen zwar gebrochen werden, doch dauerten die Unruhen noch bis in den Juli hinein an. In der Zeit nach dem 17. Juni wurden mehr als 10.000 Bürger festgenommen. Mindestens 55 Menschen hatten ihr Leben verloren. Bis 1989 versuchte die SED in der politischen Propaganda und Geschichtsschreibung, den Aufstand als von außen gelenkte „faschistische Provokation“ zu denunzieren. Doch schon im Dezember 1953 musste der Leiter der Staatssicherheit, Ernst Wollweber, vor der Parteiführung einräumen, „dass es uns bis jetzt nicht gelungen ist, nach dem Auftrag des Politbüros die Hintermänner und die Organisatoren des Putsches vom 17. Juni festzustellen“.

Der „Neue Kurs“

In den Monaten nach dem 17. Juni 1953 verfolgte die SED-Führung eine doppelte Strategie. Einerseits erfolgte die Abrechnung mit Funktionären, die während des Aufstandes politisch „geschwankt“ hatten. Dabei gelang es Ulbricht, seine ärgsten Widersacher, darunter den Staatssicherheitsminister Wilhelm Zaisser sowie den Chefredakteur des Neuen Deutschland, Rudolf Herrnstadt, zu entmachten. Andererseits bemühte sich die Staats- und Parteiführung, die Bevölkerung durch die Verbesserung der Lebensverhältnisse zu beruhigen. In seinem Buch „Durch die Erde ein Riss“ erinnert sich der Schriftsteller Erich Loest: „Täglich wurden Verordnungen und Bestimmungen bekanntgegeben: Rückkehr zu den Normen des 1. April, Erhöhung der Mindestrente von 65 auf 75 Mark, der Witwenrente von 55 auf 65 Mark. Die Anrechnung der Kuren auf den Urlaub wurde aufgehoben. [...] Verstärkter Wohnungsbau, mehr Reparaturen an Wohnungen, 30 Millionen zusätzlich für sanitäre Einrichtungen in Volkseigenen Betrieben, 40 Millionen zusätzlich für Feierabendheime und Kindergärten! Was als wichtige, längst fällige Verbesserung empfunden wurde: Die täglichen Stromabschaltungen in den Haushalten sollten aufgehoben werden. [...] Der Benzinpreis fiel von 3,00 Mark auf 1,80 Mark. [...] Lebensmitteltransporte aus der Sowjetunion rollten an, dreitausend Waggons in einer Woche, beladen mit Butter, Schmalz, Speiseöl und Fischkonserven, die SU versprach für das Jahr 1953 fast eine Million Tonnen Getreide."

Dennoch gab sich die Parteiführung offenbar nicht der Hoffnung hin, mit diesen Maßnahmen das Vertrauen der Bevölkerung gewinnen zu können. Fieberhaft begann sie mit dem Ausbau des Spitzelsystems der Staatssicherheit, um solche Unruhen in Zukunft frühzeitig unterdrücken zu können. Auch ihren Führungsanspruch schränkte die SED in keiner Weise ein. Dass die Beruhigung der Bevölkerung allenfalls in Ansätzen gelang, belegen die Flüchtlingszahlen. 1954 verließen 184.000 und 1955 252.000 Menschen für immer die DDR. Im Vergleich zu den 331.000 Bürgern, die der DDR im Krisenjahr 1953 den Rücken kehrten, stellte dies allerdings einen spürbaren Rückgang dar.

Im Sommer 1955 zerstreuten die Sowjets die Befürchtungen der SED-Spitze, die Schutzmacht könnte die Existenz der DDR für ein wie auch immer geartetes neutrales Deutschland opfern. Auf einer Kundgebung verkündete der Erste Sekretär der KPdSU, Nikita Chruschtschow, die „Zwei-Staaten-Theorie", nach der eine Wiedervereinigung Deutschlands nur unter Wahrung der „sozialistischen Errungenschaften" der DDR erfolgen könnte. Der „Vertrag über die Beziehungen zwischen der DDR und der UdSSR" vom September gleichen Jahres garantierte der DDR formal die volle Souveränität. Im Januar 1956 trat die DDR dem Warschauer Pakt bei.

Bundesarchiv, Bild 183-20530-0009, Krueger

Originaltitel des ADN (dem Nachrichtenbüro der DDR) vom Juli 1953: „Brüderliche Hilfe aus der Sowjetunion. Ihre bisher größte Hilfe beweisen die sowjetischen Werktätigen den Menschen der Deutschen Demokratischen Republik mit ihren umfangreichen Lebensmittellieferungen, die dazu beitragen, den neuen Kurs der Regierung Wirklichkeit werden zu lassen. Ankunft einer Fettlieferung auf dem Bahnhof des Zentralviehhofes in Berlin."

Zehn Jahre nach Kriegsende war der östliche Teil Deutschlands fest in den kommunistischen Machtbereich integriert. Bürgerinnen und Bürger, die die SED-Politik ablehnten, blieb nur die Anpassung an die Verhältnisse oder die Übersiedlung in den Westen; einen Weg den jährlich Zehntausende wählten. Angesichts der Präsenz sowjetischer Truppen schien eine Wende zum Besseren auf absehbare Zeit wenig wahrscheinlich.

Kurzes Tauwetter 1956

Doch der Eindruck, dass Walter Ulbricht im Auftrage Moskaus unangefochten an der Spitze einer einheitlichen, alles beherrschenden Partei das Schicksal der DDR bestimmte, erwies sich als trügerisch. Als die Flüchtlingszahlen 1955 wieder deutlich anstiegen, reifte innerhalb der SED-Führung die Einsicht, dass mit der bloßen Intensivierung überkommener Propagandaformen der Abwanderung kein Einhalt zu gebieten war. Es war die Zeit des politischen „Tauwetters“, das damals im gesamten Ostblock Hoffnungen auf umfassende Reformen weckte. Der XX. Parteitag der KPdSU im Februar 1956 löste nicht nur in der Sowjetunion heftige Reaktionen aus. Die Enthüllungen Chruschtschows über die Verbrechen Stalins stürzten die gesamte kommunistische Bewegung in eine Krise. Eilfertig erklärten jene SED-Funktionäre, die bereits in der Weimarer Republik dem „großen Stalin“ gehuldigt hatten: „Was die Würdigung Stalins anbelangt, so müssen wir unsere bisherigen Anschauungen einer Revision unterziehen... In den letzten fünfzehn Jahren seiner leitenden Arbeit sind Fehler und Irrtümer in seinem Wirken aufgetreten, durch die der Sache des Sozialismus Schaden entstanden ist.“ Dies mag insbesondere in den Ohren jener Menschen bitter geklungen haben, die in den Dreißigerjahren in die Mühlen des Stalinschen Terrors geraten waren. Tausende Genossen, die im „Vaterland der Werktätigen“ Schutz vor den Verfolgungen des Nationalsozialismus gesucht hatten, verschwanden damals in sowjetischen Lagern. Die wenigen, die das Gulag überlebt hatten und oft erst nach Jahren nach Deutschland zurückkehren durften, waren in der DDR zum Schweigen verpflichtet worden.

Bis Oktober 1956 erfolgte die Entlassung von rund 21.000 Häftlingen. Unter ihnen befanden sich zahlreiche Männer und Frauen, die in den späten Vierziger- und frühen Fünfzigerjahren in tatsächlicher oder vermeintlicher Opposition zur Politik der SED gestanden hatten. Zugleich wurde ein Teil der innerparteilichen Gegner Ulbrichts rehabilitiert, die zu Beginn der

Fünfzigerjahre sowie nach dem 17. Juni 1953 entmachtet und zum Teil aus der Partei ausgeschlossen worden waren. Ehemalige Spitzenfunktionäre wie Anton Ackermann, Franz Dahlem, Elli Schmidt oder Hans Jendretzky sollten ihren alten Einfluss jedoch nicht wieder zurückerlangen.

Die Kritik an der stalinistischen Herrschaftspraxis der SED wurde immer lauter und richtete sich bald auch gegen deren führenden Repräsentanten, Walter Ulbricht. Während der größte Teil der Bevölkerung der Entwicklung weitgehend unbeteiligt gegenüberstand, gärte es in der Partei und unter den Intellektuellen. Vor allem jene Teile der jungen Generation, die Mitte der Fünfzigerjahre an den Hochschulen und Universitäten studierten und die die humanistischen Ideale des Sozialismus ernst nahmen, beklagten den Widerspruch zwischen Anspruch und Wirklichkeit in der DDR. Sie suchten einen „dritten Weg“ zwischen dem Kapitalismus der Bundesrepublik und dem stalinistischen Sozialismus der DDR. Um den Parteiphilosophen Wolfgang Harich und den Leiter des Aufbau-Verlages, Walter Janka, formierte sich eine Oppositionsgruppe, die in ihrer programmatischen „Plattform“ klarstellte: „Wir wollen auf den Positionen des Marxismus-Leninismus bleiben. Wir wollen aber weg vom Stalinismus.“ Die Harich-Gruppe forderte die Wiederherstellung der Meinungsfreiheit, Rechtssicherheit, die Abschaffung der politischen Geheimpolizei und innerparteiliche Demokratie. Die „sozialistische” Demokratisierung der DDR sollte die Grundlage für die Wiedervereinigung schaffen, für die Harich in geheimen Gesprächen die westdeutsche SPD gewinnen wollte. Nach dem Aufstand in Ungarn im Herbst 1956, der nur durch den Einmarsch der Sowjetarmee niedergeschlagen werden konnte, gewann Ulbricht wieder Auftrieb. Die Destabilisierungstendenzen im Ostblock führten zu einem jähen Ende des „Tauwetters“. Mit der Verhaftung Wolfgang Harichs und Walter Jankas sowie weiterer Mitstreiter, die zu hohen Zuchthausstrafen verurteilt wurden, signalisierte Ulbricht, dass er Diskussionen über „dritte Wege“ nicht dulden würde. Vor der Parteiöffentlichkeit verborgen, setzten sich die Auseinandersetzungen innerhalb der Parteispitze noch bis 1958 fort. Im Frühjahr 1958 gelang es Ulbricht, seine schärfsten Kritiker und Konkurrenten in der Parteiführung zu entmachten, darunter das Politbüromitglied Karl Schirdewan und den Staatssicherheitsminister Ernst Wollweber.

Ein letzter Schritt zum Sozialismus?

Auf dem V. Parteitag der SED im Juli 1958 war die Position Ulbrichts unangefochten. Vollmundig beschlossen die Delegierten die „Vollendung" des sozialistischen Aufbaus. Bis 1961 sollte die DDR die Bundesrepublik wirtschaftlich ein- und schließlich überholen. Tatsächlich erfolgte 1958/59 eine für die Bevölkerung spürbare Konsolidierung der DDR-Wirtschaft. Erholungs- und Ferienheime der Gewerkschaft, Kulturhäuser, Kinderhorte und Polikliniken wurden als „Errungenschaften" des Systems angenommen. Der Ausbau der Konsumgüterindustrie zeigte erste Erfolge. Die letzten Lebensmittelkarten wurden endlich abgeschafft. Der Lebensstandard der Bevölkerung stieg. Mehr Menschen begannen, sich mit dem System zu arrangieren, das vor allem Arbeitern bisher ungekannte Aufstiegschancen bot. Die Flüchtlingszahlen sanken 1959 mit 143.917 auf den tiefsten Stand seit 1949. Die Parteiführer fühlten sich auch durch die internationale Lage in ihrem Selbstvertrauen gestärkt. Die Sowjetunion hatte 1957 mit dem „Sputnik" den ersten künstlichen Satelliten in den Weltraum gebracht und damit nicht nur ihren Vorsprung in der Raketentechnik demonstriert, sondern zu verstehen gegeben, dass sich nun auch das amerikanische Festland in der Reichweite östlicher Atomwaffen befand. Schließlich glaubte man sich auch durch die Bewältigung einer neuerlichen Berlin-Krise aufgewertet. Zwar war der Vorstoß der Sowjetunion im November 1958 gescheitert, den Abzug der Westmächte aus West-Berlin zu erzwingen; Moskau hatte ultimativ aber vergeblich die Umwandlung West-Berlins in eine „freie und entmilitarisierte

Bundesstiftung Aufarbeitung, Klaus Mehner, Bild 74_0626_Pol_StaeV_04

Stadt" gefordert. Doch an der Krisensitzung der Außenminister der Großmächte in Genf nahmen erstmals auch Delegationen der DDR und der Bundesrepublik beratend teil. Demgegenüber war die sozialistische Umgestaltung der Wirtschaft und Gesellschaft seit dem Juni-Schock des Jahres 1953 ins Stocken geraten. Das Arrangement vieler Menschen mit dem Staat als Zustimmung fehldeutend, glaubte die Parteiführung, den Transformationsprozess im Jahre Zehn der DDR abschließen zu können. Wenn es gelänge, die letzten Reste der „kapitalistischen Basis" in der DDR zu beseitigen, würde sich die sozialistische Idee endlich auch im „Überbau", also im Denken und Handeln der Bevölkerung, durchsetzen. So kündigte die SED den zerbrechlichen „Burgfrieden" zwischen Partei und Bevölkerung auf. Bauern wurden wieder zum „freiwilligen" Eintritt in die Landwirtschaftlichen Produktionsgenossenschaften genötigt, widerstrebende Hofbesitzer von der Staatssicherheit verhaftet. In den Städten und Gemeinden wurden Handwerker in Produktionsgenossenschaften gepresst. Der Anteil des privaten Handwerks am handwerklichen Gesamtprodukt sank von 93 Prozent im Jahre 1958 auf 65 Prozent 1961.

Gleichzeitig gelang es Ulbricht, seine Position weiter auszubauen. Nach dem Tode Wilhelm Piecks im September 1960 übernahm er den Vorsitz des neu geschaffenen Staatsrates. Als Generalsekretär der SED und Vorsitzender des Nationalen Verteidigungsrates vereinte er damit alle entscheidenden Funktionen der DDR in seiner Person.

Der Mauerbau rettet die SED-Diktatur vor dem Zusammenbruch

Der Preis, den die SED für die vermeintlich letzte große Etappe der „sozialistischen Umgestaltung" bezahlen musste, war hoch. Die Versorgungsschwierigkeiten, die aus der überstürzten Kollektivierung der Landwirtschaft erwuchsen, und der verschärfte politische Kurs der SED, ließen den Strom der Bürger, die ihrem Staat für immer den Rücken kehrten, zu einer neuerlichen Massenflucht anwachsen.

Bundesarchiv, B 145 Bild-P061246

Berlin, Sommer/Herbst 1961

Süddeutsche Zeitung Photo, 00783007

Ein Westberliner Polizist steht am 7. Oktober 1961 vor der Berliner Mauer, an der Arbeiter beschäftigt sind

Ullsteinbild 00615007, von der Becke

West-Berlin, 1965

Die DDR brauchte eine Atempause, eine ökonomische Konsolidierung und gesellschaftliche Befriedung, sonst drohte der Kollaps. In großen Teilen der DDR-Bevölkerung verstärkte sich im Frühsommer 1961 die Überzeugung, dass die SED und ihre Schutzmacht Sowjetunion etwas unternehmen würden, um das Ausbluten ihres westlichen Vorpostens zu verhindern. Immer neue Gerüchte über das „Wie" kursierten, und viele Bürger wurden nach einer internationalen Pressekonferenz mit Walter Ulbricht am 15. Juni 1961 hellhörig. Auf die Frage einer Journalistin der Frankfurter Rundschau, ob die DDR plane, eine „Staatsgrenze am Brandenburger Tor" zu errichten, hatte dieser geantwortet: „Ich verstehe ihre Frage so, dass es in Westdeutschland Menschen gibt, die wünschen, dass wir die Bauarbeiter der Hauptstadt der DDR dazu mobilisieren, eine Mauer aufzurichten. Mir ist nicht bekannt, dass eine solche Absicht besteht. [...] Niemand hat die Absicht, eine Mauer zu errichten." Im Juli stieg die Zahl der Flüchtlinge auf 30.415, in den ersten beiden Wochen des Monats August gar auf 47.433 an. Doch für die meisten Menschen ging das Leben weiter wie bisher. Zu viele Krisen hatte man in Berlin bereits er- und überlebt. Und so widmete man sich dem Sommerschlussverkauf oder besuchte den auf dem Marx-Engels-Platz gastierenden Zirkus Busch. West-Berliner Kulturbeflissene freuten sich auf die „Hochzeit des Figaro", auf „La Traviata" oder „Madame Butterfly", die von der Deutschen Staatsoper nach der Spielpause für Ende August angekündigt worden waren. Ost-Berliner konnten im Westteil der Stadt mit DDR-Geld Westzeitungen bzw. -zeitschriften kaufen sowie die Theater und Kinos besuchen. In der Nacht zum 13. August feierte das DDR-Fernsehen mit einer Sendung aus dem „Rafena-Werk" in Radeberg den „millionsten" Fernsehapparat, der in der DDR hergestellt worden war. Doch eben in dieser Nacht, im zwölften Jahr der DDR, sollte sich alles schlagartig ändern.

Das Unvorstellbare geschah in den frühen Morgenstunden des 13. August 1961. Um 2 Uhr morgens gingen bei der West-Berliner Polizei die ersten Meldungen über die Absperrung des Ostteils der Stadt ein. Passanten und Anwohner hatten beobachtet, wie Pioniereinheiten im Schutz schwerbewaffneter Volkspolizisten und NVA-Soldaten damit begannen, die Straßen zu den Westsektoren mit Stacheldraht und Spanischen Reitern abzuriegeln.

Eine Viertelstunde später riss der Lärm von Presslufthämmern die Anwohner der Friedrich-Ebert-Straße aus ihrem Schlaf. SED-Betriebskampfgruppen errichteten Barrikaden aus Asphaltstücken und Pflastersteinen. Um halb drei wurde die West-Berliner Polizei in Alarmzustand versetzt. Eine Stunde später rollten Panzer durch den Ostteil der Stadt. Sie bezogen an zentralen Punkten – Unter den Linden, am Alexanderplatz und an der Oberbaumbrücke – Stellung. Immer enger wurde der Absperrungsring um West-Berlin. Noch gelang es einzelnen Flüchtlingen, die Grenzbefestigungen an unübersichtlichen Stellen zu durchbrechen. Einige durchschwammen kurz entschlossen Kanäle und Gewässer. Fassungslos strömten die Berliner in den Morgenstunden zu Tausenden an die inzwischen hermetisch abgeschlossene Grenze, wo sie sich, getrennt durch Stacheldraht und schwerbewaffnete Volkspolizei, hilflos gegenüberstanden. In den folgenden Tagen ersetzten Bautrupps die provisorischen Befestigungen durch eine feste Mauer.

Die DDR war abgeriegelt, die Spaltung Deutschlands nun auch „architektonisch" vollzogen. Die Westmächte reagierten verhalten. Die von US-Präsident Kennedy am 25. Juli formulierten wesentlichen Punkte der amerikanischen Berlin-Politik: Die Anwesenheit der westlichen Truppen und der freie Zugang nach Berlin waren von den Ereignissen des 13. August nicht angetastet worden.

Am 24. August wurde Günter Litfin bei seinem Versuch, nach West-Berlin zu fliehen, von DDR-Grenzern erschossen. Mindestens 135 weitere Frauen und Männer sollten bis zum Mauerfall bei Fluchtversuchen in Berlin getötet werden. Das mit enormem Finanzaufwand beständig perfektionierte Grenzregime war einer der Garanten der SED-Herrschaft in Ostdeutschland. Fluchtversuche waren um jeden Preis zu verhindern.

Die Sechzigerjahre: Konsolidierung im Schatten der Mauer

„Wer nicht gegen uns ist, ist für uns"

Der Mauerbau stellte einen tiefen Einschnitt in der Geschichte der DDR dar. Zum Verbleib in der DDR gezwungen, mussten sich die Menschen mehr denn je mit dem System arrangieren. Zum Jahreswechsel 1961/62 versachlichte sich das Verhältnis zwischen Partei und Bevölkerung. Die Schikanen lokaler Par-

Bundesarchiv, Bild 183-B1101-0010-001, Rainer Mittelstädt

Gefeierte Berliner Premiere von „Lyrik-Jazz-Prosa", hier die Jazz-Optimisten mit Manfred Krug (Mitte) und Ruth Hofmann im November 1965

teifunktionäre gegenüber „Bummelanten“ und „Staatsfeinden“ unmittelbar nach dem Mauerbau ebbten ab. Die zweite Welle der Entstalinisierung, die vom XXII. Parteitag der KPdSU im Oktober 1961 ausging, wirkte sich auch auf das innenpolitische und kulturelle Klima in der DDR aus. Die Einheitspartei versuchte, ihre Herrschaftsmethoden an die Erfordernisse einer immer komplexer werdenden Industriegesellschaft anzupassen. Die Bevölkerung sollte politisch neutralisiert werden. Der Spruch „Wer nicht für uns ist, ist gegen uns“ kehrte sich um. Mit der Einführung des „Neuen Ökonomischen Systems der Planung und Leitung“ nach dem VI. Parteitag der SED Anfang 1963 sollte das Wirtschaftssystem modernisiert und dessen Effizienz erhöht werden. Die Staatspartei bemühte sich um ein neues Verhältnis zu den Frauen; sie sollten „beim Aufbau des Sozialismus mehr als bisher zur Geltung kommen“. Ziel der Jugendpolitik sei es nicht, so betonten die Verantwortlichen, „spießbürgerliche Musterknaben“ zu erziehen. Die FDJ versuchte, ihr „muffiges“ Image abzulegen. Der FDJ-Vorsitzende Horst Schumann tanzte in aller Öffentlichkeit den bis dahin verbotenen Modetanz Twist. Kritische junge Lyriker und Liedermacher wie Wolf Biermann, Heinz Kahlau oder Armin Müller lasen und sangen vor überfüllten Sälen. Die Losung „Die Republik braucht alle, alle brauchen die Republik“ hob sich wohltuend von der Atmosphäre der klassenkämpferischen Fünfzigerjahre ab.

Im Januar 1962 führte die DDR die allgemeine Wehrpflicht für die 1956 gegründete Volksarmee ein. Andererseits erkannte sie 1964 als erster Staat des Ostblocks die Wehrdienstverweigerung aus Gewissensgründen an. Nach dem Tod des SED-Mitbegründers Otto Grotewohl im Jahre 1964 übernahm Willi Stoph das Amt des Ministerpräsidenten. Im Februar 1965 erfolgte eine weitere Reform des Bildungswesens. Vorschulerziehung, zehnklassige allgemeinbildende polytechnische Oberschulen, Ingenieur- und Fachschulen sowie Angebote zur Aus- und Weiterbildung von Erwachsenen sollten allen Bürgern das Recht auf Bildung garantieren.

Ende 1965 fand der Reformkurs im Bereich der Kultur ein jähes Ende. In den Augen der „Falken“ in der SED-Führung hatte die in dem nun liberaleren Klima laut gewordene Kritik an den bestehenden Verhältnissen die Grenze des Erträglichen überschritten. Auf dem 11. ZK-Plenum im Dezember 1965 erfolgte eine scharfe Abrechnung mit „schädlichen Tendenzen“ in Filmen und Fernsehsendungen, in Theatern und der Literatur. Gleichzeitig nahm man die Reformen im Wirtschaftssystem zurück und ordnete die DDR-Volkswirtschaft wieder verstärkt den Erfordernissen der Sowjetunion unter. Die erneute Ideologisierung und der damit verbundene kulturelle Kahlschlag lähmten das intellektuelle Leben. Die SED belegte Künstler mit Auftrittsverboten und zensierte kritische Filme und Bücher.

Nach einer „Volksaussprache“ und einem darauf folgenden „Volksentscheid“ trat 1968 eine neue Verfassung in Kraft; diese war im Gegensatz zu der bis dahin gültigen von 1949 stärker an die politische Realität angepasst. So erhielt in Artikel 1 der Führungsanspruch der SED Verfassungsrang. Trotz proklamierter Gewissens- und Glaubensfreiheit oder der „Freiheit der Presse, des Rundfunks und des Fernsehens“ war die DDR von rechtsstaatlichen Grundsätzen weit entfernt. Es blieb die SED-Führung, die den Rahmen der persönlichen Freiheit und der Grundrechte absteckte und nach Bedarf erweiterte oder einschränkte. Jeglicher Widerspruch gegen die politischen Verhältnisse in der DDR wurde rigoros verfolgt.

Falls es der SED-Führung in den Sechzigerjahren zeitweilig gelungen sein sollte, bei der jüngeren Generation Hoffnungen auf einen Wandel zum Positiven zu wecken, so hatte sie dieses Kapital am Ende des Jahrzehnts wieder verspielt. Als am 21. August 1968 Truppen des Warschauer Paktes in der Tschechoslowakei einmarschierten, walzten die sowjetischen Panzer nicht nur den von Alexander Dubček propagierten „Sozialismus mit menschlichem Antlitz“ nieder. Überall im Ostblock hatten sich die Blicke derjenigen erwartungsvoll nach Prag gerichtet, die sich einen modernen Sozialismus auch für ihr Land erträumten. Die moralische Wirkung der Invasion war verheerend. Fassungslos standen in der DDR vor allem junge Menschen – und dabei längst nicht nur Intellektuelle und Studierende – vor den Trümmern ihrer Hoffnungen und Ideale. Tausende junge Armeeangehörige in allen Teilen der Deutschen Demokratischen Republik hatten in jenen Tagen ihren Marschbefehl bekommen. Zum ersten Mal seit dem Zweiten Weltkrieg stand eine deutsche Armee kampfbereit an den Grenzen eines benachbarten Staates.

Bundesarchiv, Bild 183-K0616-0001-125, Peter Koard

VIII. Parteitag der SED, 1971

Die Siebzigerjahre: Die Ära Honecker

Ende April 1971, die Vorbereitungen zu den alljährlichen Maifeierlichkeiten liefen auf Hochtouren, bereitete sich das Politbüromitglied Werner Lamberz in Berlin auf eine geheime Mission vor. An einem frühen Nachmittag, das genaue Datum ist nicht überliefert, wurde der zweiundvierzigjährige Honecker-vertraute von Juri Bassistow, einem ranghohen Mitarbeiter der Gruppe der sowjetischen Streitkräfte in Deutschland, vom Sitz des Zentralkomitees am Werderschen Markt abgeholt. Selbst die engsten Mitarbeiter von Lamberz sowie sein Personenschutz vom MfS gingen davon aus, dass der Spitzenfunktionär einen Vortrag vor sowjetischen Militärs halten sollte. Im Hauptquartier der sowjetischen Streitkräfte in Wünsdorf angekommen, wurde dem begleitenden Staatsicherheitsoffizier bedeutet, dass seine Anwesenheit nicht mehr nötig sei, da die Weiterreise im Raum Magdeburg in einem sowjetischen Militärfahrzeug erfolgen würde. Tatsächlich hatte Lamberz ein ganz anderes Ziel, von dem nur eine Handvoll sowjetischer und deutscher Spitzenfunktionäre wissen durften. In großer Eile fuhr Bassistow mit Lamberz zum nur wenige Kilometer entfernten Militärflughafen Sperenberg, wo der Politbürokrat in eine abflugbereite sowjetische Militärmaschine stieg. Auch die Piloten wussten nicht, wer ihr einziger Passagier war, wohl aber das Ziel: Moskau. Bereits am folgenden Tag kehrte ein sichtlich gut gelaunter Lamberz aus der sowjetischen Hauptstadt zurück, um sogleich seinen Vertrauten in der Parteiführung Bericht zu erstatten.

Die Absetzung Ulbrichts

Mehr als zwei Jahrzehnte sollten vergehen, bis die Nachricht von diesem Blitzbesuch die Vorgänge um ein Ereignis weiter erhellen konnte, welches am 3. Mai 1971 eine Ära beendete. Am Nachmittag diesen Tages, es war ein Montag, wurde im Fernsehen und Rundfunk der DDR ein kurzes Kommuniqué des Zentralkomitees verlesen, das mit den Worten begann: „Das Zentralkomitee der SED beschloss einstimmig, der Bitte des Genossen Walter Ulbrichts zu entsprechen und ihn aus Altersgründen von der Funktion des Ersten Sekretärs des Zentralkomitees zu entbinden, um diese Funktion in jüngere Hände zu geben.“ In „Ehrung seiner Verdienste“ habe das ZK Ulbricht zum Vorsitzenden der SED gewählt. Ein Treppenwitz der Geschichte: Erst im Moment seiner – wie sich bald herausstellen sollte – völligen Entmachtung rückte Ulbricht formal an die Spitze der Partei, die er seit den Dreißigerjahren in unterschiedlichen Positionen maßgeblich beherrscht hatte.

Westliche Beobachter vermuteten sogleich, dass der plötzliche „Rücktritt“ Walter Ulbrichts mit seiner seit den Sechzigerjahren starrsinnigen Betonung eines national geprägten Sozialismus gegenüber der Sowjetunion zusammenhing. Die Akten im SED-Parteiarchiv bestätigen dies. Schon 1964, kurz nach dem Sturz Nikita Chruschtschows, hatte Ulbrichts selbstherrliche Art das Missfallen des neuen ersten Mannes in der Sowjetunion, Leonid Breschnew, erregt. In einem persönlichen Gespräch mit Erich Honecker vertraute Breschnew diesem im Juli 1970 an: „Du weißt, damals 1964 Datsche (Döllnsee) – er stellt einfach meine Delegation auf die Seite (Tichonow etc.), presst mich in ein kleines Zimmer und redet auf mich ein, was alles falsch ist bei uns und vorbildlich bei euch. Es war heiß. Ich habe geschwitzt. Er nahm keine Rücksicht. Ich merkte nur, er will mir Vorschriften machen, wie wir zu arbeiten, zu regieren haben, lässt mich gar nicht erst zu Wort kommen. Seine ganze Überheblichkeit kam dort zum Ausdruck, seine Missachtung des Denkens, der Erfahrung anderer.“ Die DDR hatte sich mittlerweile zur zweitstärksten Industriemacht im Ostblock entwickelt. Mit gestiegenem Selbstbewusstsein erhob Walter Ulbricht den Anspruch, dem Aufbau der DDR nach 1945 Modellcharakter für hochindustrialisierte sozialistische Staaten zuzuschreiben. Auch im Bereich der Ideologie betonte Ulbricht eine größere Eigenständigkeit gegenüber der Sowjetunion. Während er die sowjetische Entspannungspolitik in Mitteleuropa anfangs nur halbherzig unterstützte, traten während des Ostblockgipfels im Sommer 1970 in Moskau die unterschiedlichen Vorstellungen Ulbrichts und der sowjetischen Parteiführung in der deutschen Frage für die Verhandlungsteilnehmer deutlich zu Tage. Zwar galt für Ulbricht wie für Breschnew die formelle Anerkennung der DDR durch die Bundesrepublik als unabdingbar. Demgegenüber wollten die Sowjets den weitergehenden Plänen Ulbrichts nicht folgen. Dieser setzte auf den Ausbau der wirtschaftlichen Beziehungen mit dem westlichen Nachbarn,

Bundesstiftung Aufarbeitung, Harald Schmitt, Bild 04

Sozialistische Freundschaft: Fotos von Erich Honecker und Kongos sozialistischem Regierungschef Joachim Yhomby-Opango in einem Lebensmittelgeschäft in Ost-Berlin

der die DDR in die Lage versetzen sollte, an der Bonner Republik ökonomisch vorbeizuziehen, um so irgendwann die Einheit Deutschlands „auf der Grundlage von Demokratie und Sozialismus" wiederherzustellen. Für die Sowjets hatte sich diese Frage indes längst erledigt: „Deutschland gibt es nicht mehr. Das ist gut so. [...] Die Zukunft der DDR liegt in der sozialistischen Gemeinschaft", schrieb Breschnew seinen ostdeutschen Genossen ins Stammbuch. Zwei Jahre nach dem Einmarsch in Prag erinnerte er daran: „Wir haben unsere Truppen bei Ihnen. Das ist gut so und wird so bleiben." Dann stellte er unmissverständlich klar: „Es gibt, es kann und es darf zu keinem Prozess der Annäherung zwischen der DDR und der BRD kommen."

Jetzt schlug die Stunde Erich Honeckers. Dieser wusste die prekäre ökonomische Situation, für die er die verfehlte Wirtschaftspolitik Ulbrichts verantwortlich machte, zur schrittweisen Demontage seines politischen Ziehvaters zu nutzen. Politische Beobachter waren seit längerem davon ausgegangen, dass Ulbricht den Saarländer durchaus als geeigneten Nachfolger betrachtete. Schrittweise hatte er ihm die Zuständigkeit für die Kaderarbeit, den Parteiapparat sowie die innere Sicherheit übertragen. Allerdings dürfte sich Ulbricht die Machtübergabe etwas anders vorgestellt haben. Honecker gelang es, die Mehrheit des Politbüros nach und nach auf seine Seite zu ziehen. Wieder und wieder denunzierten er und seine Vertrauten die politischen Ansichten des eigenen Parteichefs bei der östlichen Brudermacht.

Mitte Januar 1971 entschlossen sich zehn der vierzehn Mitglieder und drei der sechs Kandidaten des SED-Politbüros, den „teuren Genossen" der sowjetischen Führung in einem Brief zu empfehlen, Ulbricht zum „freiwilligen" Rücktritt zu drängen. Als Werner Lamberz Ende April 1971 das „grüne Licht" aus Moskau überbrachte, wusste der in innerparteilichen Machtfragen versierte Ulbricht aus jahrzehntelanger Parteierfahrung, dass weiterer Widerstand gegen die Entmachtung sinnlos war. Diszipliniert willigte der Parteisoldat schließlich in das vorbereitete Szenario ein.

Geliehener Wohlstand

So begann die Ära Honecker. Auf dem VIII. Parteitag der SED im Juni 1971 erklärte der neue Erste Sekretär des ZK die „weitere Erhöhung des materiellen und kulturellen Lebensniveaus des Volkes“ zur „Hauptaufgabe“ der SED. Der neue politische Kurs sah vor, die „Werktätigen“ stärker als bisher an den Früchten ihrer Arbeit teilhaben zu lassen. Sozialmaßnahmen sollten die unteren Einkommensschichten sowie die Schwachen in der Gesellschaft, die Kranken und Alten stärker berücksichtigen. Ein riesiges Wohnungsbauprogramm wurde aufgelegt. Tatsächlich schien die DDR-Wirtschaft Anfang der Siebzigerjahre einen Aufschwung zu verzeichnen. Der Lebensstandard wuchs, wenn auch in bescheidenem Rahmen.

Doch die von Honecker proklamierte „Einheit von Wirtschafts- und Sozialpolitik“ geriet rasch in eine Schieflage. Denn die Wirtschafts- und Produktivitätsentwicklung hielt mit dem Ausbau der Sozialleistungen nicht schritt. So setzte bald ein verhängnisvoller Schuldenkreislauf ein. Um die sozialpolitischen Leistungen (die „zweite Lohntüte“ mit billigen Wohnungen und kostenloser medizinischer Versorgung, Kindergeld, Renten usw.) zu finanzieren, mussten Kredite im westlichen Ausland aufgenommen werden. Die Zinsen wurden zunehmend mit neuen Krediten bezahlt. Honeckers Wirtschafts- und Sozialpolitik hatte von Beginn an ihre Tücken. Allerdings verschaffte sie der Staats- und Parteiführung zunächst ein bis dahin nicht erreichtes Maß an erwartungsvoller Zustimmung. Es wurden vorsichtige Schritte in Richtung einer stärkeren Einbindung des Bürgers in lokale Entscheidungsprozesse gemacht. Die SED gab es auf, die Jugend in jedem Bereich zu reglementieren. Fragen der Mode oder der Musik sollten nicht mehr in das Korsett der „Fortschrittlichkeit“ gepresst werden. Honeckers Arbeitsstil war anfangs von größerer Sachlichkeit geprägt. Mit seiner beiläufigen Bemerkung im Jahre 1973, die westlichen Medien könne „bei uns jeder nach Belieben ein- oder ausschalten“, akzeptierte die SED den vor-

Süddeutsche Zeitung, 00095476, Sven Simon

Deutsch-sowjetische Freundschaft, 1979

her erbittert bekämpften Empfang westdeutscher TV- und Radiosender.

All dies bedeutete jedoch nicht, dass die SED ihren Vormachtanspruch in allen politischen, wirtschaftlichen und gesellschaftlichen Bereichen in irgendeiner Form einschränkte. Und dennoch machte sich in der DDR der frühen Siebzigerjahre so etwas wie Aufbruchsstimmungen breit. Dazu trug auch die schrittweise Verbesserung in den deutschdeutschen Beziehungen seit 1971 bei.

Bundesarchiv, Bild 183-K0826-411, Waltraut Raphael

Sommer 1971: Mode in der Messestadt Leipzig

Deutsch-deutsche Annäherung

Als sich nach der Bildung der „Großen Koalition" im Jahre 1966 ein Wandel in der Bonner Deutschland- und Osteuropapolitik abzeichnete, reagierte die SED auf die Entspannungspolitik des westlichen Nachbarn mit einer schroffen Kehrtwende. Für DDR-Außenminister Otto Winzer war der von Egon Bahr proklamierte „Wandel durch Annäherung" eine „Aggression auf Filzlatschen". Hatte die SED bis dahin im Bewusstsein der ablehnenden Haltung der Bundesrepublik unentwegt die Losung „Deutsche an einen Tisch" propagiert, betonte sie nun das Trennende zwischen den beiden deutschen Staaten. „Leserbriefe" im Neuen Deutschland versicherten, dass „eine Vereinigung zwischen unserem sozialistischen Vaterland und der vom Monopolkapitalismus beherrschten Bundesrepublik unmöglich" sei. In der Bevölkerung sollten keine Hoffnungen auf eine Wiedervereinigung der beiden deutschen Staaten geweckt werden. Vor Grenztruppen betonte Honecker Anfang 1972: „Unsere Republik und die BRD verhalten sich zueinander wie jeder von ihnen zu einem anderen dritten Staat. Die BRD ist somit Ausland, und noch mehr: Sie ist imperialistisches Ausland." Zahlreiche Organisationen und Institutionen mussten die Begriffe „Deutschland" und „deutsch" aus ihren Namen tilgen. Die Deutsche Akademie der Wissenschaften nannte sich fortan Akademie der Wissenschaften der DDR, der Deutschlandsender hieß nun Stimme der DDR. Eine Verfassungsänderung im Jahre 1974 wandelte den Artikel 1 Satz 1 der Verfassung von 1968 „Die Deutsche Demokratische Republik ist ein sozialistischer Staat deutscher Nation" in „Die Deutsche Demokratische Republik ist ein sozialistischer Staat der Arbeiter und Bauern" ab. In Artikel 6 erklärte die DDR, fortan „für immer und unwiderruflich mit der Union der Sozialistischen Sowjetrepubliken verbündet" zu sein.

Eine solche Abgrenzung schien der SED-Führung damals dringend geboten. Um jeden Preis musste vermieden werden, dass die zu Beginn der Siebzigerjahre einsetzenden deutsch-

Bundesarchiv, Bild 183-L0726-0024, Sigrid Kutscher

Jugendliche aus der DDR reisen zum Studium in die Sowjetunion, Juli 1972

deutschen Vertragsverhandlungen in Moskau oder im eigenen Lande als Ouvertüre für ein engeres Zusammenrücken der ungleichen Nachbarn missverstanden werden konnten. Am Anfang stand das im Dezember 1971 unterzeichnete Transitabkommen mit der Bundesrepublik. Im Frühjahr 1972 folgte der Verkehrsvertrag. Im Juni 1972 begannen die Verhandlungen über den Grundlagenvertrag zwischen den beiden deutschen Staaten. Ziel der DDR war es, darin ihre völkerrechtliche Anerkennung durch die Bundesrepublik festzuschreiben. Dies lehnte die Bundesrepublik strikt ab. Allerdings erklärten die beiden Vertragspartner in dem im Dezember 1972 unterzeichneten Papier, sie gingen „von dem Grundsatz aus, dass die Hoheitsgewalt jedes der beiden Staaten sich auf sein Staatsgebiet beschränkt. Sie respektieren die Unabhängigkeit und Selbstständigkeit jedes der beiden Staaten in seinen inneren und äußeren Angelegenheiten." Für die Bundesrepublik bedeutete dies jedoch ausdrücklich weder den Verzicht auf die im Grundgesetz geforderte Wiedervereinigung der beiden Teile Deutschlands noch wurde die Frage der Staatsangehörigkeit geklärt.

Der Grundlagenvertrag markierte auch das Ende der westdeutschen „Hallstein-Doktrin". Sie hatte seit 1955 den Staaten, die die DDR diplomatisch anerkannten, den Abbruch diplomatischer Beziehungen angedroht (so 1957 Jugoslawien). Bis 1978 erfolgte die völkerrechtliche Anerkennung der DDR durch 123 Staaten. Im September 1974 wurden die beiden deutschen Staaten in die Vereinten Nationen aufgenommen. Beide saßen gleichberechtigt am Verhandlungstisch der „Konferenz über Sicherheit und Zusammenarbeit in Europa" (KSZE) in Helsinki.

Auf dem Höhepunkt des Verständigungsprozesses überreichten am 20. Juni 1974 die Leiter der Ständigen Vertretungen in Ost-Berlin und Bonn, Günter Gaus und Michael Kohl, ihre Beglaubigungsschreiben. Hannoversche Straße 30 lautete die Adresse der bundesdeutschen Vertretung in Ost-Berlin. Dort, wo die Friedrichstraße in die Chausseestraße übergeht, stellten

Bundesstiftung Aufarbeitung, Klaus Mehner, Bild 74_0626_Pol_StaeV_04

Günter Gaus, Leiter der Ständigen Vertretung der Bundesrepublik in der DDR, erwartet 1974 seinen ersten Gast in Ost-Berlin

sich Günter Gaus und seine Mitarbeiter in einem unauffälligen, fünfstöckigen Bau ihrer heiklen Aufgabe. Nur die Posten der Volkspolizei und das Schild mit dem Bundesadler wiesen den Passanten darauf hin, dass sich hier ein Stück Bundesrepublik im Herzen der Hauptstadt der DDR befand. Botschaft durfte sich dieser Ausdruck einer späten und schleppenden Normalisierung im geteilten Nachkriegsdeutschland nicht nennen.

Dem stand die noch offene deutsche Frage entgegen, wie die Bundesrepublik Deutschland – in den Augen einer wachsenden Zahl von Zeitgenossen wider alle Vernunft – immer wieder betonte. Die von konservativer Seite in Westdeutschland heftig attackierte faktische Anerkennung der DDR durch die Bundesrepublik, die dem ostdeutschen Teilstaat die von ihm angestrebte internationale Aufwertung brachte, wurde zur Grundlage für die westdeutsche Politik der kleinen Schritte. Diese sollte die Folgen der Spaltung lindern, die Lebensverhältnisse der in Ostdeutschland lebenden Menschen verbessern und so den Zusammenhalt der Nation festigen.

Bundesarchiv, Bild 183-N0201-0001, Werner Großmann

Chemiefaserwerk Guben: Herstellung von „Detotex" für die Teppichindustrie, 1974

Der „Fall Biermann“

Trotz aller Fortschritte machte sich in der zweiten Hälfte der Siebzigerjahre in der DDR-Bevölkerung erneut Unzufriedenheit breit. Die internationale Ölkrise ließ den Lebensstandard stagnieren. Die von Honecker zu Beginn des Jahrzehnts geweckten Hoffnungen hatten sich offenkundig nicht erfüllt. Doch die neuerliche Krise besaß nicht nur ökonomische Ursachen. Am 16. November 1976 ging eine kurze Meldung der amtlichen Nachrichtenagentur ADN über die Ticker von Presse, Rundfunk und Fernsehen, deren Sprengkraft wohl keiner der Verantwortlichen voraussehen konnte. Danach habe sich ein Wolf Biermann mit „seinem feindseligen Auftreten“ gegenüber der DDR „den Boden für die weitere Gewährung der Staatsbürgerschaft entzogen“. Die meisten Menschen in Ost und West wurden erst durch das Aufsehen, das die Ausbürgerung Biermanns erregte, auf den Liedermacher und Dichter aufmerksam, der am Tag zu-

Bundesregierung, B 145 Bild-00013889, Lothar Schaack

Der Liedermacher Wolf Biermann, der Schriftsteller Heinrich Böll und der Journalist Günther Wallraf (v. l. n. r.) bei einer Pressekonferenz nach Biermanns Ausbürgerung aus der DDR im November 1976

vor seinen vierzigsten Geburtstag gefeiert hatte. Tatsächlich war Biermann jedoch seit den Sechzigerjahren zu einer Galionsfigur der kritischen DDR-Intelligenz geworden. Wortgewaltig – und nicht selten mit ätzender Schärfe – geißelte er in seinen Liedern und Gedichten die Widersprüche zwischen der sozialistischen Idee und der DDR-Wirklichkeit. Bereits 1965 hatte die Staatsmacht ihren unbequemen Kritiker mit einem Auftrittsverbot belegt. Mundtot konnte sie den überzeugten Kommunisten, der 1953 von Hamburg in die DDR übergesiedelt war, damit nicht machen. Obwohl seine Schallplatten nur in der Bundesrepublik erscheinen konnten, waren Tonbandmitschnitte unter Intellektuellen und Studenten in der DDR verbreitet. 1973 entwarf die Staatssicherheit ein Szenario, Biermann unter dem Vorwurf der „staatsgefährdenden Hetze" den Prozess zumachen. Als alternative Varianten schlug man vor, ihn gegen seinen Willen in die Bundesrepublik abzuschieben oder nach einem Besuch in Westdeutschland die Wiedereinreise in die DDR zu verweigern. Mitte November 1976 glaubten Honecker und Mielke, die Gunst der Stunde nutzen zu können. Am 13. des Monats hatte der Liedermacher auf Einladung der IG Metall in Köln ein Konzert gegeben.

Trotz seines dabei vorgetragenen eindeutigen Bekenntnisses zur DDR wollte oder konnte das SED-Politbüro den Hohn und Spott des Barden nicht mehr länger ertragen. So ordneten sie Biermanns Ausbürgerung an, von der DDR-Kulturminister Hans-Joachim Hoffmann erst aus der „Aktuellen Kamera", der Nachrichtensendung des DDR-Fernsehens, erfuhr.

Doch das Kalkül der Herrschenden, dass sich der Unmut der Beherrschten über diesen Schritt in Grenzen halten würde, sollte sich nicht erfüllen. Als das Westfernsehen nach Bekanntgabe der Ausbürgerung Biermanns Konzert ausstrahlte, konnte sich die DDR-Bevölkerung von der Absurdität der Vorwürfe überzeugen. In Ost-Berlin verfassten zwölf namhafte Schriftsteller, darunter Stephan Hermlin, Christa Wolf, Volker Braun, Heiner Müller und Stefan Heym eine Protesterklärung, in der sie die Partei- und Staatsführung aufforderten, „die beschlossenen Maßnahmen zu überdenken". 93 weitere Künstler erklärten sich in jenen Novembertagen mit dem Aufruf solidarisch, die meisten von ihnen prominente und bis dahin durchaus loyale Künstler, Schauspieler (u. a. Manfred Krug, Angelica Domröse, Armin Mueller-Stahl), Sänger (u. a. Nina Hagen, Eva-Maria Hagen, Reinhard Lakomy) und viele weitere Schriftsteller (so etwa Günter de Bruyn, Jürgen Fuchs, Ulrich Plenzdorf). Aber auch manch namenloser DDR-Bürger, ohne jenen Schutz, den Prominenz verlieh, machte seinem Unmut in Flugblättern und nächtlichen Parolen an Häuserwänden Luft. Doch die Parteiführung hatte sich mit diesem Schritt verrannt. Mit Zuckerbrot und Peitsche wurde versucht, die Petenten zur Rücknahme ihrer Unterschrift zu nötigen. Es hagelte Parteistrafen, Ausschlüsse aus der SED oder dem Schriftstellerverband, Publikationsverbote, Verhaftungen und Schikanen aller Art.

Die Biermann-Ausbürgerung war weit mehr als nur ein neuerlicher kulturpolitischer Klimawechsel, von denen es in der DDR-Geschichte mehrere gab. Sie markierte einen Einschnitt, in dessen Folge große Teile der kritischen DDR-Intelligenz von der Idee Abschied nahmen, die DDR mit bzw. in der SED reformieren zu können. Nicht wenige hatten gerade in jenen Jahren ihre Hoffnungen auf den Eurokommunismus gesetzt, der eine Demokratisierung der kommunistisch regierten Staaten und größere Unabhängigkeit von Moskau möglich erscheinen ließ. Die starre Haltung der eigenen Staats- und Parteiführung ließ sie immer mehr resignieren. Viele Intellektuelle verabschiedeten sich nicht nur von den politischen Idealen ihrer Jugend, sondern auch vom eigenen Staat: Jahr für Jahr stieg die Zahl der kritischen Menschen, die die DDR nach Westen verließen; die meisten für immer, einige wenige, vor allem Künstler und Schriftsteller, mit einem Pass, der die Rückkehr erlaubte. Während die SED-Führung die Bevölkerung mit Mauer, Stacheldraht und Selbstschussanlagen zum Bleiben zwang, schien sie den Exodus ihrer kulturellen Elite nicht selten zu fördern. Drei Jahrzehnte nach Gründung der DDR hatten sich Geist und Macht östlich der Elbe nur noch wenig zu sagen.

Doch die Mächtigen betrieben nicht nur eine intellektuelle Selbstentblößung. Seit den Sechzigerjahren hatten viele Reformer bei aller Kritik an stalinistischen Strukturen ihre politische Heimat innerhalb der SED gesehen. Als die SED-Führung in der zweiten Hälfte der Siebzigerjahre unmissverständlich klarstellte, dass sie einen „Marsch durch die Institutionen“ nicht dulden würde, drängte sie ihre Kritiker in eine grundsätzlichere Opposition. Diejenigen, die im Lande verblieben, entfernten sich weiter und weiter von der „führenden Partei“. Angesichts der Rüstungsspirale in Ost und West und der zunehmend bedrohlicheren Umweltverschmutzung entstanden meist unter dem schützenden Dach der Kirche in den Achtzigerjahren Umwelt- und Friedensgruppen, die zum Sammelbecken einer langsam aber stetig wachsenden Oppositionsbewegung wurden.

Die Parteiführung geriet jedoch nicht nur seitens der Intellektuellen unter Druck. Mit der internationalen Anerkennung, der schrittweise Normalisierung im deutsch-deutschen Verhältnis und den vertraglichen Reiseregelungen ließ sich die mit dem Mauerbau angestrebte Abschottung der DDR-Bevölkerung vor „westlichen Einflüssen“ weniger denn je aufrechterhalten. Zwischen 1969 und 1975 verdreifachte sich die Zahl der Bundesbürger, die in die DDR kamen. Während in den Sechzigerjahren West-Berliner kaum in die DDR oder in den Ostteil der Stadt reisen konnten, waren es 1975 über 3,5 Millionen. In umgekehrter Richtung fuhren dreißig Jahre nach Kriegsende außer den Rentnern rund 40.000 DDR-Bürger in dringenden Familienangelegenheiten nach Westen; ein Rinnsal nur und dennoch ein Fortschritt, gemessen an der Zeit nach dem Mauerbau. Die deutsch-deutschen Verhandlungen sollten nicht nur die Lebensverhältnisse in der DDR ein Stück weit verbessern, sondern stets auch – entgegen der Absicht der SED-Führung – die Besonderheit des deutsch-deutschen Verhältnisses und die Offenheit der deutschen Frage unterstreichen und so der Entfremdung zwischen den Landsleuten in Ost und West entgegenwirken.

Inzwischen nahmen immer mehr DDR-Bürger die von Erich Honecker 1975 unterzeichnete KSZE-Schlussakte von

Helsinki beim Wort, in der sich die DDR-Führung zur Respektierung der Grundrechte verpflichtete, zu denen auch das Recht auf Freizügigkeit zählt. So stieg in den Achtzigerjahren die Zahl derjenigen, die einen Antrag auf „ständige Ausreise aus der DDR“ stellten, kontinuierlich an. Waren es 1984 rund 32.000 Bürger, die auf eine Übersiedlung nach Westdeutschland warteten, sollten es 1988 über 110.000 sein. Daran konnten auch die zunehmenden Schikanen seitens der Partei und ihrer Staatssicherheit nichts ändern.

Bundesarchiv, Bild 183-M0523-025, Joachim Spremberg

Wohnungsbau am Weißenseer Weg in Ost- Berlin, Mai 1973

Das letzte Jahrzehnt

Drei Jahrzehnte nach Gründung der DDR stand die Staats- und Parteiführung vor einem unauflösbaren Dilemma. Kein anderes Ostblockland konnte mit einem vergleichbaren Lebensstandard aufwarten. Verfügte Mitte der Siebzigerjahre erst jeder vierte Haushalt über einen PKW, war es 1979 bereits jeder dritte. Auch der Ausstattungsgrad mit hochwertigen Konsumgütern wie Fernsehapparaten (90 %), Kühlschränken (fast 100 %) oder Waschmaschinen (80 %) konnte sich mit westlichen Industriestaaten messen. Ein ehrgeiziges Wohnungs-

Bundesarchiv, Bild 183-1988-0922-136, Rainer Mittelstädt

Erfolg bei den Olympischen Spielen 1988 in Seoul: Die Schwimmstaffel der Frauen, Kristin Otto, Katrin Meißner, Daniela Hunger und Manuela Stellmach (v.r.n.l.), gewinnt Gold über 4 x 100 m Freistil

Bundesarchiv, Bild 183-1985-0206-041, Rainer Mittelstädt

Honecker verleiht im Beisein Erich Mielkes (vorn l.) dem Ministerium für Staatssicherheit den Karl-Marx-Orden und das Ehrenbanner des ZK der SED, Februar 1985

bauprogramm linderte den Wohnungsnotstand. Die Einkommen und Renten stiegen. Der Staat investierte große Summen in das Gesundheitswesen und das Bildungssystem. Und dennoch wuchs der Unmut in der Bevölkerung. Anders als von der SED-Führung erwartet, sahen die Menschen keine Veranlassung, die „sozialen Errungenschaften" mit politischem Wohlverhalten und Loyalität zu danken. Auch der steigende Lebensstandard konnte die fehlende Demokratie und die staatliche Gängelung zwischen Oder und Elbe nicht vergessen machen. Außerdem hatten die vollmundigen Versprechungen der Wirtschaftspläne und das Westfernsehen längst noch höhere Erwartungen geweckt, die angesichts der angespannten wirtschaftlichen Lage einfach nicht zu verwirklichen waren. Allen Abgrenzungsbemühungen der Führung zum Trotz blieb die

Bundesrepublik für die Mehrheit der Ostdeutschen die Beziehungsgesellschaft, mit der sie die eigenen Lebensverhältnisse verglich. Da half es wenig, dass die DDR im osteuropäischen Vergleich in vielen Bereichen eine Spitzenstellung einnahm.

Bundesarchiv, Bild 183-0813-460, Klaus Franke

Ost-Berlin: Parade zum 25. Jahrestag des Mauerbaus

Die SED-Führung reagierte mit einem Zickzackkurs zwischen einer „harten" und einer „weichen" Politik. Wie in vorausgegangenen Krisensituationen (und ebenso vergeblich) versuchte sie, die eigene Partei und die ihr untergeordneten Massenorganisationen und Blockparteien organisatorisch zu festigen und in stärkerem Maß als bisher für die anstehenden Aufgaben zu mobilisieren. Gleichzeitig intensivierte sie die politische Propagandaarbeit. Hinzu kam der weitere Ausbau des Überwachungsstaates. Seit den späten Sechzigerjahren hatte sich nicht nur der hauptamtliche Apparat der Staatssicherheit mit 91.000 Mitarbeitern nahezu verdoppelt. Auch die Zahl der Inoffiziellen Mitarbeiter war seit 1968 binnen sieben Jahren von 100.000 auf rund 180.000 angestiegen.

Andererseits unternahm die Parteiführung große Anstrengungen, um die Wirtschaft wieder anzukurbeln. Bis zuletzt sollte sie die Hoffnung nicht verlieren, die unzufriedene Bevölkerung mit einer Steigerung des Lebensstandards zumindest neutralisieren zu können. Doch die Investitionsprogramme im Bereich der Mikroelektronik oder die halbherzigen Wirtschaftsreformen im Plangefüge vermochten die Stagnation nicht zu überwinden. Weder in der Politik noch in der Wirtschaft war die SED bereit, ihre „führende Rolle" einzuschränken, um auf diese Weise Spielraum für kreative Energie, eigenständiges Denken und vor allem Handeln zu bieten.

So mag es in der historischen Rückschau zunächst befremdlich erscheinen, dass trotz dieser scheinbar so offensichtlichen Krisenerscheinungen das Handeln aller politischen Akteure innerhalb und außerhalb der DDR am Status quo, d. h. am Bestehenden, orientiert blieb. Dies galt zuvorderst für die SED, die mit ihren Parteitagen, ihren Aufmärschen und ihrer Propaganda Zuversicht demonstrierte und in den Achtzigerjahren schließlich jeden sechsten Erwachsenen in ihren Reihen zählte.

In den Wahlen zur Volkskammer und den Kommunalparlamenten erzielten die Einheitslisten die gewohnte 99-prozentige Zustimmung. Die Bevölkerung war nach außen hin durch ein Netz von Massenorganisationen und Parteien in das System mit eingebunden. Die Staatssicherheit, die Nationale Volksarmee, die Polizei, Betriebskampfgruppen und nicht zuletzt die in der DDR stationierten sowjetischen Truppen ließen die SED-Herrschaft unüberwindbar erscheinen.

SED-Staat und Kirche

Auch die einzige nicht gleichgeschaltete Institution in der DDR, die Kirche, richtete ihr Handeln am Status quo aus. Seit den Siebzigerjahren hatte insbesondere die evangelische Kirche in Fragen der Friedenssicherung, der individuellen Menschenrechte und des Umweltschutzes den kritischen Dialog mit der SED begonnen. In den Achtzigerjahren suchte und fand die sich formierende DDR-Bürgerrechtsbewegung unter dem Dach der Kirche Schutz.

Die Kirchenleitungen sahen sich dabei mit Erwartungen konfrontiert, die eine ständige Überprüfung des eigenen Selbstverständnisses und Handlungsspielraums abverlangten. „Kirche im Sozialismus“ lautete seit 1971 die Ortsbestimmung des Protestantismus in der DDR: „In dieser so geprägten Gesellschaft, nicht neben ihr, nicht gegen sie“, sollte kirchliches Handeln erfolgen. An der Nahtstelle der Blöcke er-

Süddeutsche Zeitung Photo, 00658510, Michael Nitzschke

Kirchenfest bei Borna, Sachsen, ca. 1986

wuchs der evangelischen Kirche eine Mittlerfunktion zwischen Ost und West, die eine ständige Gratwanderung erforderte. Voraussetzung dafür war Vertrauensbildung in beide Richtungen. Doch Vertrauen erfordert auch Vertraulichkeit. So offenbarte sich das Geflecht der Staat-Kirche-Beziehungen in der DDR erst nach 1989. Als nach Öffnung der Archive die Stasi-Verstrickung einzelner kirchlicher Würdenträger und Funktionäre bekannt wurde, geriet die Kirche ins Kreuzfeuer der Kritik. Plötzlich galt sie für manche als eine von der Staatssicherheit infiltrierte und weitgehend von der SED gelenkte Institution.

Angesichts einer staatlichen Kirchenpolitik, die seit Jahrzehnten zwischen Unterdrückung und Dialog pendelte, fiel es der Kirche schwer, ihren Handlungsspielraum zu jedem Zeitpunkt zu überschauen und zu nutzen. Schließlich blieb die Strategie der SED-Kirchenpolitik stets am Fernziel ausgerichtet, die Kirchen in der DDR irgendwann einmal abzuschaffen. Unstrittig ist heute, dass es der Staatssicherheit an einigen Stellen gelang, die Kirchen zu unterwandern.

Unstrittig ist auch, dass es in jahrelanger Zusammenarbeit hinter den Kulissen zu manch – plumper – Vertraulichkeit zwischen den Verhandlungspartnern kam. Dennoch muss festgehalten werden, dass das bisher vorherrschende Bild der evangelischen Kirche als ein Widerpart staatlicher Allmacht, eine Förderin des deutsch-deutschen Dialogs und jenes einer Kirche, die konspirativ mit SED-Führern und der Staatssicherheit verhandelte und dabei stellenweise die eigene Integrität gefährdete, zwei Seiten derselben Medaille darstellt.

Deutsch-deutsche Beziehungen in den Achtzigerjahren

Und schließlich orientierte sich auch das deutsch-deutsche Verhältnis in den Achtzigerjahren bis zuletzt an der politischen Realität, die eine plötzliche Implosion des sowjetischen Imperiums kaum vorstellbar erscheinen ließ. Heute ist die Erinnerung an die Zeit vor dem Epochenwandel in Osteuropa 1989 fast völlig verblasst. Dabei standen sich die beiden Machtblöcke seit den ausgehenden Siebzigerjahren in neuer Feindseligkeit gegenüber. Der Westen hatte die Stationierung sowjetischer Mittelstreckenraketen in Osteuropa mit dem Nato-Doppelbeschluss beantwortet. Bei vielen Menschen – in Ost und West – wuchs die Angst vor einem Atomkrieg. Die Sowjetunion war 1979 in Afghanistan einmarschiert und die polnische Führung bekämpfte die Gewerkschaftsbewegung „Solidarität" 1981 mit dem Kriegsrecht, um nur einige Eckpunkte der damaligen Situation in Erinnerung zu rufen. Angesichts des Wiederauflebens des Kalten Krieges erschien es nicht nur Bonn, sondern zunehmend auch Ost-Berlin als vordringliches Ziel, im Rahmen der immer engeren Handlungsspielräume Schadensbegrenzung zu leisten. Die west- und noch mehr die ostdeutsche Deutschlandpolitik war stets eine Politik unter Vorbehalt. Keine Seite genoss in dieser Frage volle Souveränität.

Die großen, grundsätzlichen Streitpunkte in der Deutschlandpolitik waren bereits in den Siebzigerjahren zur Zeit der neuen sozialliberalen Ostpolitik ausgetragen worden. Auch der Regierungswechsel von Helmut Schmidt zu Helmut Kohl im Jahre 1982 änderte nichts Wesentliches am mittlerweile parteiübergreifenden Konsens in dieser Frage. Nicht deutschlandpolitische Maximalziele standen im Mittelpunkt dieser Politik, sondern der Versuch, die Folgen der deutschen Teilung vor allem für die Bevölkerung im Osten erträglicher zu gestalten und das im Westen schwindende Gefühl nationaler Zusammengehörigkeit wach zu halten. Auch im vierten Jahrzehnt der deutschen Teilung schien die deutsche Frage auf absehbare Zeit nicht auf der „Tagesordnung der Weltgeschichte" zu stehen. In allen politischen Lagern herrschte weitgehend Einigkeit, dass die Wiedervereinigung allenfalls im Rahmen einer europäischen Friedensordnung verwirklicht werden könne, mit der die Spaltung Europas überwunden würde.

Für Ost-Berlin hätte das Parkett der deutsch-deutschen Beziehungen Anfang der Achtzigerjahre kaum glatter sein können. Angesichts der neuen Eiszeit auf internationaler Ebene drohte der innerdeutsche Dialog zum Schweigen gebracht zu werden. Trotz aller ideologischer Abgrenzung nach Westen war sich die DDR-Führung jedoch wohl bewusst, dass die ostdeutsche Volkswirtschaft zunehmend von der Kooperation mit den westlichen Industriestaaten – und hier vor allem mit der Bundesrepublik – abhing. In dieser diffizilen Situation war es ausgerechnet Erich Honecker, der im Oktober 1980 unverhofft auf Konfrontationskurs ging. Vor Parteifunktionären in Gera forderte er nachdrücklich die Anerkennung einer DDR-Staatsbürgerschaft sowie die Aufwertung der Ständigen Vertretungen in Bonn und Ost-Berlin zu regulären diplomatischen Botschaften. Auch über die innerdeutschen Beziehungen schien sich ein neuer „Frost" zu senken. Die zeitgenössischen Beobachter mutmaßten nicht zu Unrecht, dass die Politbürokraten die innenpolitischen Auswirkungen ihrer Deutschlandpolitik damals mit Sorge betrachteten. Mit der Öffnung der Grenzen für den Warenverkehr gelangten auch neue Ideen und damit Hoffnungen auf eine Veränderung des Systems in die DDR. Der eigentliche Anstoß für diese unvermittelte Brüskierung der Bundesregierung kam jedoch aus Moskau. Mit zunehmender Skepsis überwachte man dort die regen Kontakte der DDR mit dem Westen. Bis hinauf in ihr Politbüro war die SED mit Gewährsmännern des Kremls durchsetzt. Als der Honecker-Intimus und

ZK-Sekretär für Wirtschaft Günter Mittag am 22. April 1980 dem Politbüro über ein Treffen mit Bundeskanzler Schmidt und anderen Spitzen der Bundesrepublik am Rande der Hannover Messe berichtete, läuteten bei den Männern Moskaus die Alarmglocken. „Wir wissen ... nicht, ob das, was er dem Politbüro mitgeteilt hat, überhaupt stimmt. Wir beide haben Zweifel daran und glauben, dass der Bericht von Günter Mittag im Politbüro eine ‚extra schön aufgemachte Information' von Erich Honecker und Günter Mittag für das Politbüro und die KPdSU ist, um beide politisch zu befriedigen", petzten Werner Krolikowski und Willi Stoph nach Moskau. Selbst der schönfärberische Bericht würde deutlich machen, „dass Günter Mittag nicht als ein Vertreter der festgefügten sozialistischen Staatengemeinschaft und ihrer einheitlichen Außenpolitik, sondern als Teilnehmer eines deutsch-deutschen Techtelmechtels auf-

Bundesarchiv, Bild 183-1987-1023-044, Rainer Mittelstädt

Saarländer unter sich: Der Vorsitzende des Staatsrates der DDR, Erich Honecker, mit Oskar Lafontaine, Ministerpräsident des Saarlandes und stellvertretender Vorsitzender der SPD (2.v.l.), im Rahmen Honeckers Deutschlandreise im Herbst 1987

getreten ist. Im Grunde genommen hat er mit Schmidt auf einem Stuhl gesessen, den Schmidt hingestellt hat, um zwischen der Sowjetunion und der DDR zu differenzieren."

Mit seinen Geraer Forderungen versuchte Honecker, solche Befürchtungen zu zerstreuen. Der Parteichef wusste sehr wohl, was für ihn auf dem Spiel stand. Er selbst hatte zehn Jahre zuvor seinen einstigen Mentor Ulbricht mit dem Hinweis auf dessen unkalkulierbare Deutschlandpolitik bei Breschnew angeschwärzt und damit dessen Sturz eingeleitet. Tatsächlich sollten die zwischenstaatlichen Kontakte in den Achtzigerjahren schließlich dennoch einen ungeahnten Aufschwung erfahren. Erich Honecker und seine SED wurden zu umworbenen Gesprächspartnern. Mit Ausnahme der Grünen pflegte jede westdeutsche Partei eifersüchtig „ihren Draht" zum kleineren Nachbarn. Für die CDU/CSU entwickelten Franz Josef Strauß und Alexander Schalck-Golodkowski eine Männerfreundschaft. Die SPD ließ ihre Grundwertekommission mit den Parteistrategen der SED über den „Streit der Ideologien und die gemeinsame Sicherheit" diskutieren. Davon inspiriert, stellte der FDP-Vorsitzende Hans-Dietrich Genscher bei einem seiner regelmäßigen Gespräche mit dem Vordenker der SED Otto Reinhold im August 1987 fest, „es wäre sehr gut, wenn eine Möglichkeit gefunden würde, auch mit Vertretern der FDP kontinuierliche Gespräche zu führen".

Schon einmal – im Juli 1986 – hatte der Bonner Außenminister die Frage aufgeworfen, ob man nicht „einen inoffiziellen Kanal finden" könne, „außerhalb der staatlichen und diplomatischen Verbindung, auf dem Meinungen und Positionen ausgetauscht" werden könnten.

Perestroika? Nein Danke! Die SED zeigt sich reformunfähig

Die nach dem Amtsantritt Gorbatschows im Jahre 1985 einsetzende Entkrampfung der internationalen Beziehungen bestätigte die deutsch-deutschen Entspannungsbemühungen. Aus

Bundesstiftung Aufarbeitung, Klaus Mehner, Bild 81_0412_Pol-SED_XPT_26

Ost-Berlin 1981: Aufstellung von Soldaten des Wachregiments Friedrich Engels

der „Koalition der Vernunft", so hatte Bundestagspräsident Philipp Jenninger diese Kontakte 1984 charakterisiert, entwickelte sich schließlich eine De-facto Anerkennung des Honecker-Regimes, auf die der alternde Staats- und Parteichef in Ost-Berlin so erpicht war. Der Besuch Erich Honeckers in Bonn auf Einladung von Helmut Kohl im September 1987 „und die durchgesetzte politische und protokollarische Behandlung des Genossen Erich Honecker als Staatsoberhaupt eines anderen souveränen Staates dokumentierten vor aller Welt Unabhängigkeit und Gleichberechtigung beider deutscher Staaten, unterstrichen ihre Souveränität und den völkerrechtlichen Charakter ihrer Beziehung", wie es nicht unzutreffend im internen Besuchsbericht für das SED-Politbüro hieß.

Doch während der ostdeutsche Parteiführer diese Früchte des „neuen Denkens" in der Sowjetunion gerne in Anspruch nahm, stießen „Glasnost" (Transparenz) und „Perestroika" (Umgestaltung) bei der SED-Führung auf kaum verhüllte Ablehnung. Mit diesen Schlagwörtern versuchte Gorbatschow sein Riesenreich zu reformieren. Nach der friedlichen Revolution aufgefundene interne Gesprächsprotokolle illustrieren das zunehmende Unvermögen der beiden Parteiführer, die Probleme des jeweils anderen zu verstehen. Aus der Sicht Gorbatschows war eine Modernisierung der sowjetischen Parteiherrschaft eine unabdingbare Notwendigkeit. Honecker und seine Führungsmannschaft spürten dagegen, dass die aus dem Osten vordringende Reformdiskussion die eigene Macht im Lande untergraben würde. Denkverbote, in der DDR seit Jahrzehnten zu einem hohen Preis aufrecht erhalten, wurden plötzlich vom östlichen Bruder in Frage gestellt. Verbittert mussten die greisen Politbürokraten im Herbst 1986 zur Kenntnis nehmen, dass der prominente sowjetische Autor Jewgeni Jewtuschenko im West-Berliner Fernsehen „von einer einheitlichen deutschen Literatur" sprach. Gegenüber Gorbatschow etikettierte Honecker den Auftritt als „konterrevolutionär". Nach Jahrzehnten der totalen Abhängigkeit und bedingungsloser Unterordnung mutete Honeckers Klage fast tragisch an: „Für uns ist es wichtig, an einer und nicht an zwei Fronten kämpfen zu müssen."

1988/89 sollten sich die mit der Annäherung an die Bundesrepublik sowie mit dem Fortgang der sowjetischen Reformen verbundenen Befürchtungen der Hardliner in der SED auf drastische Weise bestätigten. Im November 1988 informierte der Leipziger Jugendforscher Walter Friedrich den als Honecker-Kronprinzen angesehenen ZK-Sekretär Egon Krenz in einer streng vertraulichen Analyse über den stetig wachsenden Einfluss der Bundesrepublik in Fragen der Wirtschaft und Kultur. Die gravierenden „Mängel und Schwächen im eigenen Land (z. B. Versorgungs-, Ersatzteilprobleme, Informationspolitik, Schönfärberei, reale demokratische Mitgestaltung etc.) werden immer deutlicher wahrgenommen und immer kritischer bewertet. An der Überlegenheit des Sozialismus wird immer mehr gezweifelt. Die Nichtöffnung in Richtung der Perestroika-Strategie spitzt alles noch zu." Die Parteiführer verfügten zu diesem Zeitpunkt jedoch weder über alternative politische Konzepte noch über materielle Ressourcen, um dem wachsenden Unmut in der Bevölkerung durch eine kurzfristige Verbesserung des Lebensstandards zu begegnen. Die Bemühungen der SED-Führung, die eigene Macht mit Durchhalteparolen und Repression zu behaupten, griffen ins Leere.

Die Opposition formiert sich

Die tiefe politische Krise, in der sich die DDR befand, trat im Frühjahr 1989 schlaglichtartig zutage.

Sonntag, 7. Mai 1989 – Kommunalwahlen in der DDR. Der Urnengang sollte die Zustimmung der Bevölkerung zur SED-Politik vorspiegeln. Doch die Inszenierung wurde zum Wahlkrimi, der nur im Westfernsehen zu sehen war: Vor laufender Kamera wiesen junge Frauen und Männer dem SED-Staat Wahlfälschung nach und berichteten, dass Bürgerrechtler DDR-weit in vielen Hundert Wahllokalen die Auszählung überwacht hätten. Viele Ostdeutsche erfuhren erst jetzt von dem zunehmend dichteren Netz von Friedens-, Menschenrechts-, Umwelt- und Dritte-Welt-Gruppen, das häufig unter dem schützenden Dach der Kirche seit den 1980er-Jahren den politischen Vormachtanspruch der SED in Frage stellte. Einige ihrer Aktionen hatten bereits in der Vergangenheit Aufmerksamkeit erregt. Doch im Frühjahr 1989 demonstrierte die DDR-Opposition nicht nur die Fähigkeit zum gemeinsamen Vorgehen, sondern wies zudem die Verlogenheit der Partei- und Staatsführung nach. Die bestritt alle Vorwürfe und musste zunehmend hilfloser erleben, wie Bürgerrechtler nicht nur mit einer Flut von Eingaben und Strafanzeigen, sondern mit öffentlichen Protesten auf die Wahlfälschung reagierten.

Am 4. Juni 1989 empörte das Massaker auf dem „Platz des Himmlischen Friedens“ in Peking viele DDR-Bürger. Zahlreiche Menschen schlossen sich den Protesten an. In Ost-Berlin, der DDR-Hauptstadt, wurde ab Juni an jedem 7. eines Monats de-

Süddeutsche Zeitung, Photo 00330360

Rund 700 Flüchtlinge aus der DDR, die 1989 über die Tschechoslowakei ausgereist waren, nach ihrer Ankunft auf dem Bahnhof in Gießen

monstriert. Während zunächst noch eine Minderheit ihren Protest in die Öffentlichkeit trug, hatten viele andere die Hoffnung auf Reformen in der DDR aufgegeben. 1989 warteten mehr als 100.000 DDR-Bürger auf die Genehmigung ihrer Anträge auf dauerhafte Ausreise in die Bundesrepublik. Vom Beispiel der Bürgerrechtler ermutigt, begannen auch sie die Öffentlichkeit zu suchen. In Leipzig wurde die Nikolaikirche zu ihrer Anlaufstelle.

Noch am 6. Februar 1989 wurde der 20-jährige Chris Gueffroy bei einem Fluchtversuch über die Berliner Mauer erschossen. Im Sommer begann Ungarn den Stacheldrahtverhau nach Österreich zu beseitigen. Erst waren es Hunderte, im August rund 3.000 DDR-Urlauber, die über Ungarn ihren Weg in den Westen fanden. Viele Tausend warteten dort auf eine passende Gelegenheit zur Flucht. Als Ungarn am 11. September die Grenze für DDR-Bürger öffnete, reisten binnen drei Tagen 15.000

Ostdeutsche über Österreich in die Bundesrepublik. Tausende DDR-Bürger suchten zudem im Sommer Zuflucht in den westdeutschen Vertretungen in Prag, Budapest, Warschau und Ost-Berlin. Ende September warteten 6.000 DDR-Bürger in der Prager Botschaft auf ihre Ausreise.

In der Ost-Berliner Führung herrschte Ratlosigkeit. „Man sollte ihnen keine Träne nachweinen“, ließ Staats- und Parteichef Honecker in der SED-Parteizeitung „Neues Deutschland“ schließlich zynisch kommentieren. Als die DDR im Rahmen der größten Fluchtbewegung seit dem Mauerbau immer mehr destabilisiert wurde und das SED-Regime seine Reformunfähigkeit demonstrierte, schlug die Stunde der Bürgerbewegung. Sie verzeichnete immer stärkeren Zulauf. Bereits im Juli erfolgte der Aufruf zur Gründung einer Sozialdemokratischen Partei. „Aufbruch 89“ war eine Resolution überschrieben, mit der das „Neue Forum“ im September aus der Taufe gehoben wurde. „Demokratie Jetzt“, „Demokratischer Aufbruch“ lau-

Bundesarchiv, Bild 183-1989-1007-402

Meist alte Männer (auf der Ehrentribüne) – Parade zum 40. Jahrestag der DDR in Ost-Berlin 1989

teten die Bezeichnungen anderer Gruppen, die allesamt die Öffentlichkeit suchten und eine politische Alternative zur SED formulierten. In dieser Situation wuchs den Westmedien und ihren DDR-Korrespondenten enorme Bedeutung zu, da sie der Opposition im Osten wie im Westen Deutschlands Gehör verschafften.

Am 4. September begannen die Leipziger Montagsdemonstrationen, als 1.000 Bürgerrechtler und Ausreisewillige nach dem Friedensgebet vor der Kirche „Für ein offenes Land mit freien Menschen" demonstrierten. Eine Woche später nahm die Volkspolizei 89 Demonstranten fest. 19 wurden zu Haftstrafen verurteilt. In landesweiten Fürbittgottesdiensten solidarisierten sich die Menschen mit den Gefangenen. Die Empörung wuchs. An immer mehr Orten fanden Demonstrationen statt. Aus dem Ruf der Ausreisewilligen „Wir wollen raus!" wurde ein trotziges „Wir bleiben hier!"

Von den Entwicklungen im Lande scheinbar unbeeindruckt, bereitete die Partei- und Staatsführung den 40. Jahrestag der DDR-Gründung am 7. Oktober vor. Nichts sollte die Feierlichkeiten stören, schon gar keine Bilder von den überfüllten bundesdeutschen Botschaften in Warschau und Prag. Und so stimmte die DDR-Führung Ende September der Ausreise der 6.000 Botschaftsbesetzer aus Prag unter der Bedingung zu, dass diese mit Sonderzügen über das Territorium der DDR erfolgte. Die Demonstration staatlicher Souveränität geriet zum Desaster. Am 4. Oktober kam es in Dresden zu gewalttätigen Auseinandersetzungen mit der Polizei, als sich 3.000 Dresdner auf dem Hauptbahnhof Zutritt zu den Zügen verschaffen wollten. Die Unruhen hielten über Tage an.

Am 7. Oktober inszenierte das SED-Regime mit Massenaufmärschen, Militärparaden und einem Festakt im Palast der Republik schließlich ein gespenstisches Schauspiel der vermeintlichen Stärke. Und selbst an diesem Tag gelang es nicht, die Proteste in der DDR zu unterbinden. In Ost-Berlin kam es zu Knüppelorgien der Volkspolizei gegen Tausende friedliche Demonstranten, während sich im Palast der Republik kommunistische Staats- und Parteiführer aus der ganzen Welt eingefunden hatten, darunter auch Michail Gorbatschow aus der Sowjetunion. Der hatte bei seiner Ankunft in Berlin seinen Genossen ins Stammbuch geschrieben: „Wer zu spät kommt, den bestraft das Leben!“

Die gelähmte SED

Seit den traumatischen Erfahrungen des 17. Junis hatte die SED alles versucht, um einen neuerlichen „Tag X“, an dem es das Volk ein weiteres Mal wagen könnte, die Macht im Staate herauszufordern, im Keim zu ersticken. Flächendeckend war das Land mit offiziellen und inoffiziellen Geheimdienstmitarbeitern überzogen worden, fast alle Oppositionsgruppen durch die Staatssicherheit infiltriert. Die Arsenale der Betriebskampfgruppen, der Volkspolizei und -armee waren hochgerüstet. Und dennoch erschien die SED-Spitze im Angesicht der Krise wie gelähmt. Schenkt man den späteren Rechtfertigungsversuchen ehemaliger SED-Spitzenfunktionäre Glauben, dann war in den Führungsgremien auf zentraler wie auf Bezirksebene in den Achtzigerjahren die Notwendigkeit von Reformen durchaus erkannt worden. Schließlich häuften sich in dieser Zeit die Berichte der Staatssicherheit und des eigenen Apparats über die desolate wirtschaftliche und politische Situation im Lande. Dennoch wagte niemand dem selbstherrlichen und starrsinnigen Regime Erich Honeckers, der zentrale Entscheidungen immer häufiger mit seinem Staatssicherheitsminister Mielke und dem Wirtschaftsverantwortlichen Günter Mittag im Alleingang traf, zu widersprechen. Anders als bei der Ulbricht-Ablösung 1971 konnte der längst gealterte politische Nachwuchs in der zweiten Hälfte der Achtzigerjahre nicht mehr auf die Unterstützung der sowjetischen Bruderpartei hoffen. 1986 hatte Gorbatschow die „Selbständigkeit jeder Partei, ihr Recht auf souveräne Entscheidung über die Entwicklungsprobleme ihres Landes“ erklärt.

Doch es dürfte weniger die Sorge vor der allgegenwärtigen Staatssicherheit gewesen sein, die Egon Krenz und Genossen zaudern ließ. Viel stärker wogen angesichts der Vielzahl der unlösbar scheinenden Probleme die eigene Konzeptionslosigkeit und das Unvermögen, sich den Zusammenbruch des eigenen Systems vorstellen zu können.

Von der eigenen Führung alleingelassen hatte im Zwei-Millionen-Heer der SED-Mitgliedschaften den späten Achtzigerjahren ein Erosionsprozess stattgefunden, der den Stillstand des Systems perfekt machte. Mit wachsender Erbitterung reagierten 1989 auch die meisten Parteimitglieder auf die Sprachlosigkeit der eigenen Führung. Schließlich mussten sie Tag für Tag an den Werkbänken und in den Büros die sich verschlechternde Versorgungslage begründen, die Verlogenheit der Presse verteidigen und erklären, warum man von der Sowjetunion Gorbatschows nicht mehr „siegen lernen“ wolle. So wurde die einst monolithische Partei in ihrer Zerrissenheit zum Spiegelbild der Gesellschaft. Alte Kader forderten ein hartes Vorgehen gegen die politische Opposition. Vor allem jüngere Mitglieder, Intellektuelle und Künstler hofften vergeblich auf „Glasnost“ und „Perestroika“. Die Meisten steckten ihren Kopf in den Sand und warteten auf ein Wunder. Die Zahl derer, die im Spätsommer 1989 eine gewaltsame „chinesische Lösung“ gutgeheißen hätten, war immer kleiner geworden. Auch die Sowjets zeigten – anders als 36 Jahre zuvor – keine Bereitschaft, die Staats- und Parteiführung vor dem eigenen Volk mit Panzern zu schützen.

Von der Friedlichen Revolution zur deutschen Einheit

Am Montag nach den Staatsfeierlichkeiten vom 7. Oktober herrschte in Leipzig schier unerträgliche Anspannung. Woche für Woche war die Zahl der Montagsdemonstranten gestiegen. Würde die SED nach den Feierlichkeiten gewaltsam gegen die Demonstranten einschreiten? Am Stadtrand gingen Militärfahrzeuge in Stellung. In Schulen und Betrieben wurde davor gewarnt, am Abend ins Stadtzentrum zu gehen. In Krankenhäusern wurden Blutplasma bereitgestellt, Ärzte zur Bereitschaft gerufen. Um 17 Uhr schlossen in Leipzigs Innenstadt die Geschäfte.

Trotz aller Drohgebärden versammelten sich in den Abendstunden 70.000 Frauen und Männer in den Straßen um die Nikolaikirche und auf dem Karl-Marx-Platz; mehr als alle, die Einsatzkräfte eingeschlossen, erwartet hatten. Dann machte sich der Zug der Zehntausenden mit Kerzen in der Hand auf, um den Innenstadtring erstmals voll zu umrunden. „Wir sind das Volk!“ und „Keine Gewalt!“ waren die Losungen, die durch Leipzigs Innenstadt hallten. Um 18:25 Uhr befahl der Chef der Volkspolizei den Rückzug seiner bewaffneten Einheiten, nachdem weder die Ost-Berliner Führung noch die örtliche SED-Spitze den Befehl zum Einsatz gewagt hatten. Die Bilder der 70.000 namenlosen Helden, die ihre Angst überwunden hatten, wurden noch in derselben Nacht von den Tagesthemen in die Wohnzimmer in ganz Deutschland übertragen. In der DDR war Friedliche Revolution.

Neun Tage mit immer neuen Demonstrationen im ganzen Land – in Plauen, Dresden, Karl-Marx-Stadt, Halle und in vielen kleinen Orten – verstrichen, bis die SED-Führung sichtbare

Bundesarchiv, Bild-00213534, Klaus Lehnartz

Demonstranten auf dem Alexanderplatz während der Abschlusskundgebung gegen Gewalt und für verfassungsmäßige Rechte, Presse-, Meinungs- und Versammlungsfreiheit am 4. November 1989

Konsequenzen zog. Am 18. Oktober trat Staats- und Parteichef Erich Honecker von allen Ämtern zurück. Sein Nachfolger wurde Egon Krenz. Der hatte erst zwei Tage zuvor den Mut gefunden, mit anderen Politbüromitgliedern die Absetzung Honeckers zu verabreden. Um den Segen Moskaus gebeten, hatte Gorbatschow „viel Glück“ gewünscht und erklärt, die Sache sei alleinige Angelegenheit der SED. In seiner ersten Fernsehansprache als Parteichef verkündete Krenz eine politische „Wende“. Dialog und Reformen sollten die SED-Herrschaft retten. Doch die Menschen misstrauten dem langjährigen Kronprinzen Honeckers, der im Sommer das Massaker in Peking gerechtfertigt hatte. Die Staats- und Parteiführung übte sich in hektischen Reformversuchen. Die DDR-Wirtschaft stand vor der Zahlungsunfähigkeit. Westdeutsche Finanzhilfen standen unter dem Vorbehalt weiterer politischer Reformen. Der Druck der Straße stieg unentwegt. Am 4. November demonstrierten über 500.000 Menschen auf dem Ost-Berliner Alexanderplatz.

Süddeutsche Zeitung Photo, 01154026, Manfred Uhlenhut

4. November 1989: Eine halbe bis eine Million Demonstranten ziehen durch die Innenstadt Berlins bis auf den Alexanderplatz, wo die Abschlusskundgebung stattfindet

Am 7. November trat die Regierung, tags darauf das gesamte SED-Politbüro, zurück. Der erste Entwurf eines neuen Reisegesetzes sah so viele Ausnahmen vor, dass in Leipzig eine halbe Million Menschen auf die Straße gingen.

Donnerstag, 9. November 1989, 20 Uhr. Die Erkennungsmelodie der Fernsehnachrichtensendung Tagesschau rief die Menschen in Deutschland vor den Bildschirm. „DDR öffnet

Grenze“ lautet die Top-Meldung. Zu sehen war Günter Schabowski, wie er am Abend auf einer SED-Pressekonferenz eine neue Reiseregelung ankündigte, die Westreisen „ohne Vorliegen von Voraussetzungen“ erlauben sollte. Und zwar „ab sofort“, wie das SED-Politbüromitglied auf Nachfrage antwortete. Die „Mauer soll über Nacht durchlässig werden“, kommentierte die Tagesschau. Und überall in Ost-Berlin zogen sich Frauen und Männer ihre Jacken und Mäntel an, um sich zögernd und ungläubig auf den Weg zu einem Grenzübergang zumachen. Am Kontrollpunkt Bornholmer Straße stauten sich erst mehrere Hundert, gegen 23 Uhr fast 20.000 Menschen. „Tor auf! Tor auf!“ und „Wir kommen wieder, wir kommen wieder!“, skandierte die Menge. Eine halbe Stunde später kapitulierten die Grenzkontrolleure vor dem Druck der Menschen.

Der Schlagbaum hob sich. Die Mauer war gefallen!

Bundesregierung, B 145 Bild-00049011

Das Volk nimmt die Mauer in Besitz, 10. November 1989

Die Selbstdemokratisierung der DDR

Mit dem Mauerfall rückte die deutsche Frage unverhofft auf die Tagesordnung der Weltpolitik. „Jetzt wächst zusammen, was zusammengehört“ kommentierte Willy Brandt am Tag nach dem Mauerfall. Am 28. November verkündete Bundeskanzler Helmut Kohl ein „10-Punkte-Programm“. Es sah die Wiederherstellung der deutschen Einheit auf dem Wege einer Föderation vor; in einem Zeitraum von fünf und mehr Jahren. Polen sorgte sich um die Gültigkeit seiner Westgrenze. Großbritannien und Frankreich sahen eine neue Großmacht Deutschland am Horizont. Die Sowjetunion fürchtete um die Früchte des entbehrungsreichen Krieges gegen das nationalsozialistische Deutschland. Allein aus Washington kam Ermutigung. Im Osten wie im Westen Deutschlands stieß die Perspektive einer baldigen Wiedervereinigung vor allem bei Intellektuellen auf Ablehnung. „Für unser Land“ lautete ein Aufruf, ebenfalls am 28. November veröffentlicht, der dazu aufforderte, in der DDR „eine sozialistische Alternative zur Bundesrepublik“ zu entwickeln. Doch die Menschen in der DDR wollten keine Experimente mehr. Auf den Demonstrationen wurde aus „Wir sind das Volk!“ „Wir sind ein Volk!“. Als Bundeskanzler Kohl am 19. Dezember gemeinsam mit Hans Modrow, seit November DDR-Ministerpräsident, Dresden besuchte, sprach er vor Zehntausenden Menschen und einem Meer deutscher Fahnen.

Die Maueröffnung beschleunigte den Machtzerfall der SED. Parteifunktionäre traten reihenweise zurück, Hunderttausende aus der SED aus. Die bislang von der SED kontrollierten Parteien, allen voran CDU und LDPD, übten sich in Unabhängigkeit. Am 1. Dezember wurde der SED-Führungsanspruch aus der DDR-Verfassung gestrichen. Am 8./9. Dezember nannte sich die SED in „Partei des Demokratischen Sozialismus“ um und versuchte zu retten, was noch zu retten war. Die ökonomische Situation und die Versorgungslage spitzten sich zu. Noch standen 380.000 sowjetische Soldaten im Land, noch saßen SED-Mitglieder an den Schaltstellen des Staatsapparates und der „bewaffneten Organe". Schritt für Schritt versuchten die Bürgerrechtler, die Kontrolle zu übernehmen. Am 22. November setzte die Opposition die Einrichtung eines zentralen „Runden Tisches" in Ost-Berlin durch, an dem Vertreter der alten und neuen politischen Kräfte Platz nahmen. Zentrale Anliegen der Opposition: freie Wahlen, eine demokratische Verfassung und die Auflösung des Geheimdienstes. Bis zum Jahresende kontrollierten vielerorts „Runde Tische" das Geschäft der Machtapparate und Verwaltungen. Am 5. Februar 1990 traten acht Vertreter der außerparlamentarischen Opposition als Minister ohne Geschäftsbereich in die Regierung Modrow ein.

Mit der Besetzung des einstigen Dienstsitzes Erich Mielkes in der Ost-Berliner Normannenstraße endete am 15. Januar 1990 für alle sichtbar die Macht des Ministeriums für Staatssicherheit (MfS). Binnen weniger Wochen war das

Bundesarchiv, Bild 183-1989-1201-042, Jan Peter Kasper

Runder Tisch – Im Plenarsaal des Jenaer Rathauses trafen sich am 1. Dezember 1989 Vertreter von Parteien und Bürgerbewegungen mit dem Oberbürgermeister zu einer Aussprache

„Schild und Schwert der Partei“ stumpf geworden. Bereits am 13. November hatte es erheblich an Autorität eingebüßt, als ein verwirrter Stasi-Chef Erich Mielke vor der Volkskammer erklärte: „Ich liebe doch alle“. Die Bürger hatten die Macht der Stasi überwunden und sich zugleich ihrer Akten bemächtigt. Deren Öffnung war für die Aufarbeitung der SED-Diktatur unerlässlich.

Als am Sonntag, dem 18. März, die Wahllokale in der DDR schlossen und die erste Prognose von Hochrechnungen abgelöst wurde, war die Sensation längst perfekt: Bei der ersten und einzigen freien Volkskammerwahl in der Geschichte der DDR votierten 48 % der Wähler für die „Allianz für Deutschland“, bestehend aus der Ost-CDU, dem Demokratischen Aufbruch (DA) und der Deutschen Sozialen Union (DSU). Die Parteien und Bündnisse der Bürgerbewegung vereinten lediglich rund 27 % auf sich. Davon entfielen knapp 22 auf die Ost-SPD, die sich des Sieges in den Wochen zuvor allzu gewiss geglaubt hatte. Die Liberalen erhielten 5 %, immerhin jeder sechste Wähler stimmte für die PDS, die aus der SED hervorgegangen war. Zu den wahlentscheidenden Fragen zählte die Haltung der Parteien zur Deutschen Einheit. Zwar hatten sich auch die SPD und die Wahlbündnisse der Bürgerbewegung für die Wiedervereinigung ausgesprochen. Doch es war die „Allianz für Deutschland“, die diesen Weg am direktesten zu gehen plante. Noch wichtiger war, dass die Allianz – anders als ihre Konkurrenten – auf die Unterstützung der Regierung Kohl verweisen konnte, von der sich viele Ostdeutsche rasche materielle Unterstützung versprachen.

Am 12. April 1990 konstituierte sich unter Ministerpräsident Lothar de Maizière (CDU) die Regierung der großen Koalition aus den Parteien der Allianz, der SPD und den Liberalen. Mit den freien Volkskammerwahlen und einer demokratisch gewählten Regierung und Opposition hatte die Friedliche Revolution obsiegt.

Der Weg zur deutschen Einheit

Die Regierung de Maizière stand vor unvergleichlichen Herausforderungen. Ihr Wählerauftrag lautete, den Beitritt der DDR zur Bundesrepublik so schnell und verantwortungsvoll wie möglich zu vollziehen, die dafür notwendigen politischen Reformen voranzubringen, die ökonomische Situation und vor allem die Versorgungslage in der DDR zu stabilisieren und gemeinsam mit der Bundesrepublik die für die Vereinigung notwendigen bilateralen und internationalen Vertragswerke auszuhandeln. Ost-Berlin wie Bonn gerieten unter Handlungsdruck: Jeden Tag packten zweitausend Ostdeutsche ihre Koffer und zogen nach Westen. Dort waren die Aufnahmekapazitäten längst erschöpft, während im Osten die Lücken kaum mehr geschlossen werden konnten, die die 550.000 Übersiedler seit Sommer 1989 gerissen hatten. Derweil skandierten die Menschen auf der Straße: „Kommt die D-Mark, bleiben wir, kommt sie nicht, geh'n wir zu ihr!“. Am 1. Juli trat die Währungs-, Wirtschafts- und Sozialunion in Kraft, deren vertragliche Grundlage bereits am 18. Mai unterzeichnet worden war. Über Nacht hielt mit der D-Mark auch die Marktwirtschaft zwischen Elbe und Oder offiziell Einzug. Der DDR-Staatsbesitz sollte von der Treuhandanstalt privatisiert werden, deren Errichtung auf einen Beschluss der Regierung Modrow zurückging.

Im Frühjahr 1990 sprachen sich 85 von 100 Ostdeutschen für die Wiedervereinigung aus, im Westen Deutschlands waren es im Januar 70 Prozent. Aus Ost wie West machten sich die Menschen auf, den anderen Teil Deutschlands zu erkunden. Die Neugier auf und die Freude über das Wiedersehen waren groß. Solidarität beschränkte sich nicht auf das Begrüßungsgeld von 100 DM, das den Ostdeutschen nach dem Mauerfall die Entdeckung des Westens erleichterte. Bundesländer und Kommunen, Parteien, Verbände und Vereine, viele Privatpersonen schlossen Partnerschaften. Die Kirchen übten gesamtdeutsche Solidarität. Sie alle unterstützten die demokratische Umgestaltung und den wirtschaftlichen Neuanfang mit Geld, Personal und Sachkunde. Noch gab es weder den Begriff des „Besser-Wessis“ noch den des „Jammer-Ossis“. Trotz mancher Warnung und Skepsis erwarteten viele alsbald „blühende Landschaften“. Die Ostdeutschen erfüllten sich lange gehegte Träume: Auf den Champs-Élysées und auf Mallorca war plötzlich Sächsisch zu vernehmen. Der Gebrauchtwagenmarkt in Westdeutschland war leer gefegt. In der Euphorie des Moments schienen selbst Gurken, Senf oder Mehl aus Westdeutschland besser zu schmecken als einheimische Produkte. Ostalgie war in dieser Zeit unvorstellbar.

Zur Jahresmitte 1990 fehlte ein wesentlicher Schlussstein am Bau der Deutschen Einheit. Diese brauchte die Zustimmung der Siegermächte des II. Weltkrieges, die ihre Rechte und Verantwortlichkeiten in Bezug auf Deutschland als Ganzes nie völlig aufgegeben hatten. Beide deutsche Staaten gehörten nicht nur zwei gegensätzlichen Bündnissystemen an, auf ihrem Territorium waren auch nach wie vor Truppen der Alliierten in großer Zahl stationiert. Und schließlich galt es, die Sicherheitsinteressen der Nachbarstaaten zu berücksichtigen. Um diese Probleme drehten sich seit Mai die 2 + 4-Verhandlungen der Außenminister der beiden Deutschlands, der USA, der Sowjetunion, Großbritanniens und Frankreichs. Am 21. Juni erklärten die beiden deutschen Parlamente in einer gleich lautenden Entschließung die Unverletzlichkeit der polnischen Westgrenze. Die größte Hürde bildete die Frage der künftigen Bündniszugehörigkeit Deutschlands. Hier erzielte Helmut Kohl in persönlichen Verhandlungen mit Michail Gorbatschow den Durchbruch. Am 16. Juli verkündeten die beiden Staatsmänner vor der Presse die Zustimmung der Sowjets zur NATO-Mitgliedschaft Deutschlands. Mit der Unterzeichnung des 2 + 4-Vertrages am 12. September erhielt Deutschland seine staatliche Souveränität zurück. Der Weg zur Wiedervereinigung war frei.

Feier vor dem Reichstagsgebäude am Tag der Deutschen Einheit, 3. Oktober 1990

Bundesregierung, B 145 Bild-00184360, Engelbert Reineke

Über den Weg zur Deutschen Einheit wurde seit Frühjahr 1990 heftig gestritten. Eine Minderheit wollte die Mütter und Väter des Grundgesetzes beim Wort nehmen, die im Artikel 146 vorgesehen hatten, dass das Grundgesetz „an dem Tage" die Gültigkeit verlieren sollte, „an dem eine Verfassung in Kraft tritt, die von dem deutschen Volke in freier Entscheidung beschlossen worden ist". Am 23. August beschloss die Volkskammer indes mit überwältigender Mehrheit gemäß Artikel 23 des Grundgesetzes den Beitritt der DDR zur Bundesrepublik am 3. Oktober 1990. Es war die Entscheidung für eine Verfassung, die sich in vier Jahrzehnten bewährt hatte und die auch der Westen nicht zur Disposition zu stellen gedachte. Am 31. August folgte der in nur acht Wochen ausgehandelte Einigungsvertrag. Er regelte Änderungen im Grundgesetz, Fragen der Rechtsangleichung und der öffentlichen Verwaltung in Ostdeutschland, Fragen der Finanzen sowie der Bereiche Arbeit, Soziales, Frauen und Kultur. Strittige Punkte wie etwa die Festlegung der künftigen Bundeshauptstadt wurden vertagt oder in Zusatzprotokollen geregelt; darunter auch der Zugang zu den Stasi-Unterlagen, den DDR-Bürgerrechtler im Sommer mit einem Hungerstreik erkämpften.

3. Oktober 1990, um 00:00 Uhr: Zu den Klängen der Nationalhymne wurde über dem Berliner Reichstag die Fahne des nunmehr geeinten Deutschland gehisst. Vier Tage vor ihrem 41. Jahrestag hörte die DDR auf, als Staat zu existieren; die deutsche Teilung war überwunden. Ein riesiges Feuerwerk erleuchtete die Straßen und Plätze rund um den Reichstag, auf denen eine Million Menschen feierten. Kaum ein Jahr war vergangen, seitdem die Ostdeutschen die vierzigjährige Diktatur der SED zu Fall gebracht hatten. Es waren die Friedliche Revolution und die Selbstdemokratisierung der DDR, die den Weg zur Deutschen Einheit geebnet und die Voraussetzung geschaffen hatten, dass seit 1990 alle Menschen in Deutschland zum ersten Mal in der Geschichte in Frieden, Freiheit und Demokratie, in anerkannten Grenzen, in Freundschaft und gegenseitiger Achtung mit ihren Nachbarn leben. Der Umbruch in der

Bundesarchiv, Bild 183-1990-0920-012, Waltraud Grubitzsch

Näherinnen „flaggen um“, Leipzig 1990

DDR war Teil der friedlichen Revolutionen in Ostmitteleuropa, die auch dort nicht allein die kommunistischen Diktaturen, sondern zugleich die Teilung Europas überwanden, die aus dem vom nationalsozialistischen Deutschland 1939 begonnenen Zweiten Weltkrieges resultierte. Und so ging das Jahr 1989 als das europäische Freiheitsjahr in die Geschichte ein.

Weiterführende Literatur

Aus einem Land vor unserer Zeit. Eine Lesereise durch die DDR-Geschichte. Hrsg. von Marcus Böick, Anja Hertel und Franziska Kuschel. Berlin 2012

Die DDR im Blick. Ein zeithistorisches Lesebuch. Hrsg. von Susanne Muhle, Hedwig Richter und Juliane Schütterle. Berlin 2008

Thomas Großbölting (Hrsg.): Friedensstaat, Leseland, Sportnation? DDR-Legenden auf dem Prüfstand. Berlin 2009

Matthias Judt (Hrsg.): DDR-Geschichte in Dokumenten. Berlin 1998

Christoph Kleßmann: Die doppelte Staatsgründung. Deutsche Geschichte 1945–1955. 5. überarbeitete und erweiterte Auflage, Göttingen 1991.

Ders.: Zwei Staaten, eine Nation. Deutsche Geschichte 1955–1970. 2. überarbeitete und erweiterte Auflage, Bonn 1997.

Ilko-Sascha Kowalczuk: Das bewegte Jahrzehnt. Geschichte der DDR von 1949 bis 1961. Bonn 2003

Ilko-Sascha Kowalczuk: Endspiel. Die Revolution von 1989 in der DDR. München 2005

Ulrich Mählert: Kleine Geschichte der DDR. München, 7. Auflage 2010.

Dietrich Staritz: Geschichte der DDR. Frankfurt a.M. 1985 (erw. Neuausgabe 1996, Nachdruck 2000).

Hermann Weber: Geschichte der DDR. München 1985 (erw. Neuausg. 1999, davon 2. Auflage 2000).

Stefan Wolle: Der große Plan. Alltag und Herrschaft in der DDR 1949–1961. Berlin 2013

Stefan Wolle: Aufbruch nach Utopia. Alltag und Herrschaft in der DDR 1961–1971. Berlin 2011

Stefan Wolle: Die heile Welt der Diktatur. Alltag und Herrschaft in der DDR 1971–1989. Berlin 1998